讀聖經，看投資，

置身金錢利害應腳跟立穩論説放平。

談神學，論經濟，

探究利益分配宜眼目投放衡情度理。

時代論壇書系

錢宜義見

基督徒理財智慧

李少秋 著

基道出版社

時代論壇
CHRISTIAN TIMES LTD

教育 結婚 儲蓄 置業

▼

時代論壇書系

錢宜義見

基督徒理財智慧

Christian Perspectives On Wealth Management

作者
李少秋

責任編輯
甄敏宜

裝幀設計
莫可雅

■

聯合出版

基道出版社
香港沙田火炭坳背灣街26號富騰工業中心1011室
LOGOS PUBLISHERS
Unit 1011, Fo Tan Ind. Centre, 26 Au Pui Wan St.
Shatin, Hong Kong
電話：(852) 2687-0331 傳真：(852) 2687-0281
網址：http://www.logos.com.hk

基督教時代論壇週報
香港九龍油麻地彌敦道476號優質教育集團中心11樓
CHRISTIAN TIMES
11/F., Quality Education Tower,
476 Nathan Rd., Yaumatei, Kowloon, Hong Kong
電話：(852) 2785-7688 傳真：(852) 2785-8335
網址：http://www.christiantimes.org.hk

發行
基道出版社

承印
海洋印務有限公司

●

7/2006初版
Cat. No. LP909
ISBN-10: 962-457-309-3
ISBN-13: 978-962-457-309-1

Printed in Hong Kong

本書引用經文參考聯合聖經公會出版、香港聖經公會代理之現代中文譯本修訂版。

刷次	10	9	8	7	6	5	4	3	2
年份	2016	2015	2014	2013	2012	2011	2010	2009	2008

李序：冷經濟、熱心靈

李錦洪

華人教會承傳著簡單「聖俗二分法」的觀念，但從教會的組織、產業、人事、財政以至信徒每日的家庭工作，生活行為，都無可避免在世情中滾動，涉及理財的學問。基於這個思想與行為的落差，經濟理財在神學建構以至信仰見證上，都成為缺口。

如何彰顯和評價基督徒的生命見證，其實有其客觀和現實的準則，除了內斂性的屬靈進程外，還有三大指標：(一)人際關係；(二)理財哲學；(三)時間管理，歸根結底仍是生命價值的抉擇，其中理財哲學是現代社會最受重視的學問，偏偏是牧養最弱的一環，原因很簡單，教牧同工都不是經濟動物，缺乏整全的理念和實戰的經驗。

邀請李少秋在《時代論壇》撰寫「秋官論衡」專欄是突破的嘗試，效果卻遠比想像中豐碩，證明是一項精明而具遠見的文字投資，因為他確能將華人教會在聖俗之間、心靈與肉體之間、愛情與麵包之間的深層次矛盾，透過聖經真理與睿智思維，圓融兼善。

經濟思維是冷靜的腦，信仰情懷是溫暖的心，兩者沒有交匯，只能單向進行，都可能走向死胡同。本書的結集，仿似把兩個未曾相遇的圓周聚合，形成一個同心圓，產生持續循環的生命力，也衍生了生生不息的回報。

自序：從「秋官效應」到「秋官論衡」

李少秋

「秋官效應」確實在香港股票市場產生迴響。事緣一九九六年二月香港無線電視播映《天地男兒》，股市從二月11,500點至三月下挫11%，不少人歸咎秋官鄭少秋的演出。較為人津津樂道的是九二年的《大時代》，劇中的秋官在股票市場的熊（跌）市中拋空恒生指數期貨而獲利。接下來十多年，每當鄭少秋的劇集播放時，傳媒總會響起「秋官效應」一詞。雖然沒有充分的客觀證據去支持這效應有否影響投資抉擇，但連跨國證券經紀里昂證券亦煞有介事於二〇〇四年三月發表報告[1]；可見「秋官」確有「效應」。

踏入二十一世紀，香港經濟自九七年滑落並於〇三年經歷沙士後喘定回穩，彷彿是走過創世記中約瑟為法老解夢，埃及將經歷七隻好母牛七個好穗子的七年，然後是七隻瘦牛七個空穗子的七年（創世記41：25-36）。香港走過七個荒年後，經濟市場更趨強調「積穀防飢」，要在豐年的日子聚斂積蓄，好計劃退休之年安享自在。雅各書4：13-14卻提到「今天明天我們要往某城去，在那裡住一年，作買賣得利。其實明天如何你們還不知道，你們的生命是甚麼呢？」作為基督徒該如何取決？如何看上帝所託管的財富？好印證一切都掌握於上帝之手。

「秋官論衡」專欄自二〇〇五年一月連載於《時代論壇》後，得到各方積極迴響：有傳道人分享覺得聖經對財富管理原來有這麼正面的詮釋；有專欄作家心感教會對管理金錢的教導極為缺乏；有家庭主婦反映文章趣味盎然；有從事保險管理層向下屬推介這些文章；亦有不同的教會、學院期望能深入探討。也願「論衡」同樣能造就正面的「效應」。

「秋官論衡」今日結集成書，除作出了部分修訂外，主要是加插了文章首段的經文出處及一些有趣的網址資料，以供查閱。

多謝李錦洪社長的邀約及為當時的專欄定名，盼望「秋官論衡」能夠響起「秋官效應」，令基督徒更能「緊張」上帝託管的財富，以看待自己錢包的心來看待群體的錢包，這是開始的第一步。

多謝甄敏宜小姐細心的編訂及耐心的等候，均造就了今日成書的事。

多謝龔立人博士——在我赴蘇格蘭攻讀神學所認識的摯友——在繁忙中寫下點滴心聲。

多謝霍少祺先生，一位努力取得認可財務策劃師資格並「緊張」別人財富管理的知己，為本書提供不少計算上的資料，彷如我身旁的一部財務計算機。

最要緊又最易忽略的是身旁的枕邊人，她陪我走過不少「徹夜未眠」的日子，真的要想盡辦法給她一個「理想的回報」——多謝！

錢適宜有一個正確的見解——「錢宜義見」就是這個意思。對於基督徒來説，「義見」就不能離開聖經的教導；盼望我們在運用金錢上能夠被上帝「稱為義」。

願人的心歸向上帝。願人以貲財回饋上帝。

CLSA Hong Kong Market Outlook: *Adam Cheng Effect*, 30 March 2004 (http://www.adamcheng.net/news/AdamChengEffect.pdf)。

經文的參考譯本是《現代中文譯本修訂版》及《和合本》。

投資「三昧」曲

投資智慧論

寓意釋投資

寓意釋投資

按揭理財

按揭理財

小營科理財

小營科理財

親子理財

親子理財

1 投資「三昧」曲

「投資第一條規則：千萬不要賠錢。第二條規則：千萬不要忘記第一條規則。」

畢非德／巴菲特（Warren Buffett）

投資「三味」曲

眼光、務實與魄力

有一個商人尋找寶貴的珍珠，當他發現一顆極貴重的珍珠後，便變賣一切來買這顆珍珠。

馬太福音13:45~46

古時的珍珠確是貴重無比，且超越黃金的價值，但哪裏會有商人將所有的投資都放在一顆珍珠上？連小孩都知曉不應將所有雞蛋放在一個籃子裏，分散是不少人認同的投資智慧。但不少投資者卻只曉得隨著大夥兒上路，全然忽略了遠比分散更為重要的投資智慧，就是眼光、務實及魄力。

古巴政府早於八十年代已經落實生物科技的投資，陸續傾出近十億美元認真地發展，於二○○三年底研製出又好又便宜的疫苗預防孩童患上腦膜炎（meningitis），連美國政府都要暫緩部分的經濟制裁政策，進口這些疫苗。[1] 具備眼光附以務實加上魄力，確實為古巴政府注入豐富的經濟收益。

投資的第一要訣並非在乎分散，若是如此，每個人都可以是投資的勝利者。現實告訴我們盲從附和正與獨到眼光背道而馳。於二○○四年底辭世的香港銀行業先驅何添老先生的投資名言就是「人棄我取」，人棄我取正是獨到眼光的具體表現，但要實踐這道理卻又談何容易。要在別人未發現這顆珍珠的貴重價值以前便要先行購下，不單是要有快人一步的速度，更要有過人的勇氣，甚至是被別人恥笑在垃圾堆裏尋寶也絕不退後，憑著自己獨特的慧眼賞識珍珠。

務實亦是投資不可缺少的智慧，當你發現珍珠就應以重價作認真的投資。務實不應以口號代替，更非「煲水」的代名詞，夸夸其談就彷如將珍珠丟於豬前遭其踐踏。認真而務實的發展才是投資應有的表現。

堅韌的魄力未必可以化腐朽為神奇，但性急短視肯定與投資智慧絕緣。要黯然無光的珍珠成為自己的掌上明珠，是要經歷時間的雕琢。《三字經》的名言——「玉不琢，不成器」——正道出中國人琢磨冶煉的工夫。

只專注於財富的投資，稱不上是個智者，因為一生勞碌拼命可能只是遺留給後人享受，生命的投資才是人生上乘的智慧之道。一個變賣所有去購買珍珠的人，可能只是誇張法的運用，但這肯定是刻意的誇張，因為這珍珠寓意天國，超越世上的一切財寶；這商人傾出所有正肯定了基督徒毫無保留獻身跟隨基督的要求。

財富為肉眼所見，隱藏的珍珠（天國）卻為跟隨基督的人所發現，他們所流露的喜悅超越萬貫金銀所能換取。正是基督徒肯定天國超越的價值，故此能夠開開心心地擺上一切去尋求上帝的國度。當他們願意先追求上帝主權實現之際，便會驀然發現自己已經得著所需的一切，不用再為明天憂心。

懂得以眼光配合務實和有魄力的作為，可為你帶來投資上的得益；但人生無常，能夠全心投資在保護你免受一切災害的上帝身上，所得到的回報更是超越你的所想所求。

有關古巴的生物科技發展，參考http://gndp.cigb.edu.cu 及http://www.cim.sld.cu。

投資「三味」曲

眼光與膽量

要為自己預備用不盡的財寶在天上，那裏既沒有蟲蛀、也沒有人能弄壞、也沒有賊能挖掘窿偷竊。你的財寶在那裏，你的心也必在那裏。

馬太福音6:19~21

地上的財寶可以被破壞，無論是貴價的衣服被蟲蛀、貴重的用品被破壞、藏於地下的財物被偷竊；這一切都指明地上的財寶是會朽爛，彷如人的良善可以被扭曲成為偽善的面孔。為了防止財寶變朽壞，人要積極的投資；事實上積聚財寶不致窮困與建立德行不致偽善同樣可以造就自己以及身邊的人。

提到古巴，不少人會想起卡斯特羅的霸權及雪茄。一九六二年的美國禁運並未將古巴的經濟推至死角，但當它主要的貿易夥伴前蘇聯於一九九〇年瓦解後，一切的資助亦停頓下來。主要出口的蔗糖及鎳(音：聶高入聲)並未為國家帶來豐厚的收入，雖然旅遊業的發展令GDP增長，可惜二〇〇三年以前停滯不前的世界經濟加上易受颶風的蹂躪確實破壞這千島小國的經濟發展。但政府卻有獨到的眼光於一九八六年成立遺傳工程與生物科技研究中心(Centre for Genetic Engineering and Biotechnology)，這項投資除了為國家陸續帶來收益外，更為人民謀求福祉，減低嬰兒夭折比率及增長人民壽數。

獨到的眼光是投資不可缺少的。

美國《時代雜誌》與《有線新聞網絡》(CNN)選出二〇〇四年全球最具影響力的二十五名商家，他們俱為企業進行整頓，定下管理、道德、市場推廣及創新的標準。這些成功的典範被列入六個組別：企業整頓高手(Clean-up Artists)、創作者(Innovators)、資金掌舵人(Money Movers)、全球化專家(Globalists)、利潤推動者(Profit Drivers)、改變能手(Change Agents)，發揮創新的思維及膽量。

眼光需要配以行動才有意義，而膽量正是推動的主要元素。

二〇〇三年十二月從中國科學院電腦所的一間門衛室起家的中國私人企業——聯想集團於〇四年十二月八日(經過十三個月的談判)宣佈收購第三大電腦公司國際商業機器(IBM)旗下的全球個人電腦(PC)業務，收購價為十七億五千萬美元，以現金、負債及發股承擔，亦令IBM持有聯想18.9％的股權。有說法認為這趟聯想是「撿了垃圾」，因為IBM出售的PC業務踫上纍纍債務、高企成本及萎縮市場的難題。

聯想這趟商業行為會否失敗實言之尚早，但這收購對中西雙方的影響實不容小覷輕視。因為聯想品牌Lenovo已步入國際化，世界級的電視台及報紙紛紛頭版報道，一間處於社會主義的中國私人企業收購國際大公司簡直是天方夜譚。難道IBM會將自己苦苦經營的品牌毫無選擇地雙手拱讓嗎？聯想在中國經營電腦的領導地位、在香港上市的國際定位俱為業務發展定下策略，加上國內龐大市場及便宜的勞動力量，確有機會降低成本提升競爭力。

聯想收購欠債的IBM確非一般人所能為，這份投資需要膽量——一份入虎穴的膽量，但若要得虎子，將業務轉虧為盈則需要更大的能耐。

古巴政府的眼光、聯想收購的勇氣正為我們揭開一幕幕投資的智慧。

猶太人相信要將經營所得多作善工，這正是上帝的吩咐；所以耶穌勸勉那少年的官變賣一切賙濟窮人就會有財寶積在天上。耶穌並不反對人擁有財富，以財富助人亦是猶太人的傳統，只是財富可以令你忘記跟隨基督；至為重要的是你心之所在，就是那控制你的意向、力量、獻身的源頭。故此，耶穌所要的是全然的獻身，不二的忠心。

你擁有這份投資眼光嗎？相信投資在跟隨基督上會有不能朽壞的收益！你願傾出這份全然獻身的勇氣嗎？相信追隨基督就是不會妥協地全心實踐上帝的心意。

見*Time Asia*, December 20, 2004, Vol.164, No. 25, p. 59-76。

投資「三昧」曲

務實與挑戰

有一個不誠實的管家趁主人交託職務離開後，竟肆意浪費主人的財物，後來他遭人揭發，主人得知後便勒令這管家交回帳簿，並要解僱他。管家在交還及清理帳務時，便思量被解僱後的日子該如何？鋤地嗎？沒有氣力。討飯嗎？怕難為情。於是，他找來了主人的債户，查問一下他們所欠下橄欖油的數量，然後將一百桶改為五十桶；而另一個所欠下的一百石麥子亦改為八十。管家這個行動，後來竟獲得主人的讚許。何解？

路加福音16:1~9

「You're fired」是特朗普（Donald Trump）在《飛黃騰達》（*Apprenticeship*）電視節目的賣點名句，亦是對待不忠僕人最上乘的方法，是務實的作為。

聯想收購IBM個人電腦業務後，原IBM高級副總裁沃德（Stephen Ward）出任聯想的CEO，一家中國公司由外國人執掌牛耳並非可恥之事，聯想的工作指派是務實的作為。由於穩定海外員工及海外市場是當務之急，平伏員工的心情令他們仍然委以忠誠的轉為服務一家中國公司，更要令IBM的國際客戶繼續成為聯想的忠實客戶，這些都是艱鉅的挑戰。事實上，在中美「聯婚」的新聯想下，外國人的CEO

與中國人的董事長如何攜手開創發展才是這實況處境下更大的挑戰。

務實的作為並非要揀選平坦的道路，而是要步向更上一層樓的挑戰。

挫折帶來務實的思考，務實帶來一連串的創新及挑戰。麥當勞在二〇〇二年面臨極重的挫折，先是被批評服務水準下降、食物不健康，繼而承受美國反恐戰爭期間反美人士的衝擊，更被癡肥顧客控告，成為眾矢之的。但二〇〇四年的麥當勞卻能揭開「清新」一頁，不再只是巨無霸式的高熱量，而是清新的沙律；不再只是有限選擇的執著，而是跟隨健康飲食潮流；不再只是小童的漢堡飽，而是大人的沙律。這種摒棄與跟隨的務實帶來盈利的上升。

麥當勞仍然執著漢堡飽的盈利，但沒有「死牛一面頸」的執著，卻曉得擁抱潮流跟隨趨勢。務實正要包含這種智慧。

僕人知道自己不可繼續當管家，趁著整理帳務期間想出一個妙法，就是取消利息減輕債戶的負擔，以博取他們的感激好得到日後的厚待。由於管家所豁免的可能是利息，正合乎猶太律法的規定，所以管家不單沒有貪錢枉法，亦為主人建立援助窮人的德行，主人便無從公然反對。這機智的表現正是務實的行為，令主人讚賞他懂得以律法的教導來處理債務，這不單為主人贏取名聲，更是深謀遠慮為將來作出投資。

管家面對危急處境以迅速理智的方法面對，並機警地投資將來正是耶穌的門徒所要學習的。面對末世的處境，難道信徒的警覺還不及這不義的管家？二〇〇四年十二月二十六日南亞的海嘯令人醒覺地上的財富可以被毀於一旦，財富失去之際，一張床褥可以救回自己的生命，難道人還未曉得務實地對待將來、面對末世？

今世投資所得的錢財除了再投資獲利外，最佳的運用方法就是結交朋友，廣泛賙濟。由於人離世之時不用帶備金錢上路，趁在世之時妥善地運用金錢可以為自己被接到永久的家鄉鋪路。但重點卻非外在的捐獻，而是對上帝的心，因為救恩不在乎人的作為；而人本身的見證可以是救恩的彰顯，樂於賙濟正是跟隨基督並自我捨身的實證。

以務實的心面對末世為你帶來挑戰：就是不作錢財的奴隸，要作上帝的僕人。

投資「三味」曲

魄力與遠見

有一個寡婦要找城裏一個法官來主持公道，以制裁她的冤家。但這法官一直拖延，因為他為人高傲，輕看別人，但後來為免寡婦不斷煩擾，最後便決定為她伸冤吧。

路加福音18:2~3

這寡婦擁有超越「死纏爛打」的能耐，雖知曉其個人勢孤力弱的情況，卻顯露無懼權勢的膽識，更有洞悉法官具幫助能力的遠見，毅然作出果斷的行為。這就是魄力，是投資須具備的智慧。

麥當勞經歷了低沉的二〇〇二年後，遂於二〇〇三年一月聘請一位前高層（Jim Cantalups）重出江湖，可惜這位CEO於〇四年四月心臟病發身亡。在身故以前，他發表具遠見的宣言：我看見一個夥伴的組織滿有自尊去服務顧客，我看見一個被讚賞尊重的環球品牌，我看見一間穩健而出色的公司……。四十三歲的貝爾（Charlie Bell）隨即臨危受命，後來卻又證實患上結腸直腸癌（colorectal cancer），但仍堅持了七個月才於十一月辭退職務，於二〇〇五年一月辭世。董事局此時臨危不亂，調動了兩位高層繼續實踐前兩位CEO的復興計策。麥當勞面對不明朗的前景卻能在追隨健康飲食的潮流下提升利潤，從二〇〇二年的八億九千萬(美元．下同)的淨收入增長至二〇〇四年的二十二億七千萬。更於〇四年十二月被*Advertising Age*雜誌選為〇四年的「市場商人」，標緻著公司有著良好的業務表現、強韌的領導、創意的宣傳及有效的管理。❶「I'm loving it」不單止是口號，而是要將品牌與客人結連，帶出人心境中的現代、年青的氣質。

魄力並非短視的友伴，雖遭「屋漏兼逢連夜雨」的困境仍堅持獨到的發展、務實的改變，最終為麥當勞闖出勝利的二〇〇四年。

處理投資就須具備有能耐、膽識、遠見及果斷的作風。以「煲水的口號」喊出科技港或中藥港，以為短線的呼喊就能散發東方之珠的光輝，實是癡人説夢。

當今中藥貿易的發展，以日本獨佔鰲頭，主要是由於日本進行深入的科研發展，先投入數萬美元的資金開發，繼而是數百萬美元的研究製成高科技的中成藥銷售全球，賺取可觀的利潤。事實上，日本入口的是中國的原材料、中國的處方、中國的臨床經驗等等，一切都是中國醫師數千年的實踐積累，可惜已被國外人士挪移取用。中國若能走中藥現代化的道路，以國際認可的標準進行研究生產、管理發展，落實中藥商標註冊的保護，相信仍可在中藥市場上大展拳腳，這份投資就須要有遠見的魄力。

投資的智慧離不開魄力的持守，一份有膽識並果斷的作風，一種有能耐並遠見的精神。窮寡婦遇上不義的法官正彰顯這份魄力，須知不義的法官尚且為這日夜叩門的寡婦主持公道，難道上帝會撇下自己的子民延遲援助嗎？你尚且擁有魄力面對人間各類投資的疑難，難道沒有看見這位滿有恩典隨時施行幫助的上帝嗎？

有關麥當勞的消息，參考http://www.mcdonalds.com/corp/news.html及2004 Summary Annual Report。

2 投資智慧論

「我見日光之下，快跑的未必能贏，力戰的未必能勝，智慧的未必得糧食，明哲的未必得貲財，靈巧的未必得喜悅，所臨到眾人的，是在乎當時的機會。」

《聖經．傳道書》

投資智慧論

瞎子的投資

瞎子豈能領瞎子？兩個人不是都要掉在坑裏嗎？

路加福音6:39

「前否後正」是以上問題的答案。瞎子當然不能領瞎子的路，若是如此，兩個人都會掉進坑裏。

投資除了獨到的眼光、務實的心志、具遠見的魄力外，更須曉得不要跟隨瞎子上路。股票市場是擺動變化的上落市場，匯價利率等升跌均會影響股價(在非大跌市的前提下，弱匯價低利率會造就股市)。所以不少股民在股價擺動時間進行買賣，即是進入了所謂「炒家市場」而非「投資市場」；前者是短線，後者是長線。任何人都知曉「高賣低買」的策略，卻沒有人肯定地告訴你如何在上落市中可以「出入平安」。

跟隨「專家」的策略可以萬無一失嗎？會否只是瞎子領瞎子？有一點可以肯定的是這樣的投資彷如進入馬場一般，雖然輸的人多贏的人少，輸的聲音卻是細小，贏的聲音反是響亮；因為輸的「家醜不出外傳」，贏的「好事傳千里」。

一隻股份股價的上升是由於公司前景了得利潤滾來，是實質的結果而非概念的思維。人以投機代替投資，以號碼取代公司，這與買六合彩沒有多大的分別，結果不言而喻。投資者要了解公司的業務性質、負責高層、歷來表現、前景利潤等要素才不致在狂升暴跌下飲恨啜泣。

一九二九年華爾街的股災將美國經濟推至低谷，四個美國人中有一個人失業。在「全民皆股」的瘋狂狀態下股災在短時間內發生，在兩個月內股票損失四成的價值，投資者失掉千億美元的資產。不少投資者都知道當時的股價是過高，萬料不及股災會來得那麼急那麼兇。彷如海嘯事件告訴世人事情可以在極短的時間內改變，正當人仍然悠閒地享受著陽光海灘之際，亦正當人仍然歡愉地憧憬著財富急升之際，改變、災難便臨在門檻，不單奪人家財更可奪人性命。

正於一九二九年股市大跌前的星期一（十月二十一日）股市下調，被視為「投資先知」的耶魯大學經濟學者費希爾（Irving Fisher, 1867-1947）當日預測市場只是要把狂熱的少數派趕出，並明言股市會繼續上揚以反映真實的價值。但隨之而來的卻全是黑色的星期四、星期一及星期二，而黑色星期一（二九年十月二十八日）是美國股票市場歷史上第二差劲的日子，亦為二九年的股災蓋了棺木上了釘。

投資領導中有不少瞎子，自然界亦曾出現「瞎子」——數十條鯨魚集體擱淺石灘。鯨魚並非厭世而是所發出的迴音可能受障礙物影響，或是鯨魚「收錯風」，以致出現「鯨游淺水」的場景。

人生有不少「跟錯風」、「收錯風」的時間，亦有「擱淺」的時刻。與其盡信人言，倒不如靜下來思想人生再踏投資的路徑。在被敵人追趕之際你驀然發現馬鞍開始鬆脱，停下來惟恐失掉時間，繼續跑又恐滑下馬背，在兩難之間倒不如當機立斷下馬重整馬鞍，整理過後更能穩快奔馳。

你願意用上幾分鐘來思想你的投資嗎？假若忙碌終日失掉反思生命的時刻，倒是得不償失。

關於1929年股災的資料，參考Wikipedia, the free encyclopedia http://en.wikipedia.org/。

靈巧的投資

你們要靈巧像蛇。

馬太福音10:16

蛇和其他動物一樣，是受造之物。人要像蛇的「靈巧」，即是「精明、機警」，而非「狡猾、詭計多端」。機警的人會躲開災禍而非趨前受害懊悔一生。人置身危機中要機警，像那不義僕人的那份機警態度才能有效地面對不穩定的情況；這份機警就是要將悟性聰明實際地運用於生活現實中。

動物在自然界生生不息，尤其要逃避雄獅猛獸和自然災害，依靠的主要是靈敏的感官系統。貓兒在黑夜敏捷的身手絕不遜色於白晝的行動，這全賴貓鬚高度敏感的能力以察覺環境中的障礙。蝙蝠在黑夜能順暢飛翔全靠音頻來作迴音定位；人類亦利用這概念發明了雷達並應用於潛水艇的運作及戰爭攻略。

二○○四年底南亞海嘯奪去十多萬人類的生命卻未能在動物界中釀成嚴重傷害，顯示動物靈敏的感官令牠們在災難發生前有所警惕。投資正要這顆機警靈敏的心。

要培養機警靈敏的心就要像蛇一樣的靈巧，是精明機警而非奸狡詐騙。

不少抱持投機心的人都期望股票在漲價後可以賺取一

筆，大多數人卻要失望離場。二○○四年十二月，在新加坡上市的國營企業中國航油總裁陳久霖因參與石油期貨交貿而虧蝕五億五千萬美元，這種孤注一擲的炒賣令他抱憾終生。從在新加坡被稱為打工皇帝(○二年報酬是一千六百萬元人民幣)，七年間把二十一萬美元的企業發展為近三十億美元，到轉變為瘋狂的炒賣迎接災禍。這不僅是由於公司沒有對作風獨斷的總裁作出適當的制衡，更由於當事人「貪慾」出頭，正是「輸錢皆因贏錢起」，掩蓋了精明的心志。

一九二九年的股災有人可以從中獲利，據聞洛克菲勒(John D. Rockefeller, 1839-1937)正享受擦鞋服務之際遭鞋童介紹股票，在靈機一觸下決定出售股票，結果避過一劫。亦有人在獲利後滿心以為股價已跌至底線，趁機吸納平貨，誰又曉得二九年十月的股市一直下挫至三二年七月，指數跌近九成；而股票市場用了二十二年才收復失地。

投資智慧告訴我們除了不要盲目聽從專家的意見，更要小心自己的貪念；要學習鴿子的馴良，要忠實厚道。

人只記起要像蛇卻忘記要像鴿子；人只想及要像引誘夏娃那蛇的狡猾詐騙，卻忘掉耶穌教導門徒要像蛇的精明機警，更遑論要像鴿子的溫順純潔。

投資智慧論

一本萬利的投資

你要保守你所接受和確信的真理。你曉得誰是你的導師，也記得你從小就明白聖經，就是能給你智慧、指引你藉著信基督耶穌而獲得拯救的那本書。

提摩太後書3:14~15

猶太的拉比相信五歲的小孩是適合接受聖經的教導。基督徒父母相信孩子從小要學習聖經，不是因為救恩深藏聖經之內，而是由於聖經若能恰當明白理解，可藉著相信基督耶穌的緣故把孩子引到上帝面前。

那麼，投資智慧應否從小教導兒女？坊間有否一本書或是中國人所說的《通勝》可以作為教導指南？自小教導孩童當走的路是理所當然的，但投資「必勝之道」是根本不可能存在的；不然的話，香港政府又何須扶貧，何須視「隔代貧困」為殲滅的對象？

那麼，教導孩子精明甚或精通數學又能否賺取厚利？著名的「蘋果專家」牛頓(Issac Newton, 1642-1727)是聰明之輩，卻在當時的股市中大有斬獲後再度入市，結果虧損二萬英鎊的天文數字。牛頓可以精確的計算天體運行，卻未能準確預測股市起跌。或者德國物理學家海森堡（Werner Heisenberg, 1901-1976）的「測不準原理」（uncertainty principle）會在股市匯市中大派用場，人能夠計算粒子變化的或然率卻未能準確預測市場的變化。

專家之言只是夸夸其談，是MSG（monosodium glutamate, 谷氨酸一鈉，是味精的化學成分），食之美味卻未能造益身體；亦是「未知素」，即是説他們對股市偶然作出準確預測，是運氣大於一切。市場的升跌就彷如拋擲硬幣的公字一般的測不準，不過可以肯定的是「不是公（升）便是字（跌）」的選擇。

一九〇〇年美國面對通縮的問題，商品市場價格回落。促使資金流入股市造成一九〇七至一九二九年的大幅飆升（道指由81.41升至381.17，升幅達百分之三百六十七！）。聯儲局於一九二九年收緊銀根，調升利率，卻引發華爾街危機。雖然政府以修改不同法例的手法來挽救經濟，股市仍經歷多年的上落交替，而通縮的問題要到第二次世界大戰後才被扭轉過來。日本在二十世紀末期面對同樣的困境，就是希望透過加息壓低樓價三成，但誰人有能力勒令樓價在下跌三成後穩定下來，結果在進入二十一世紀後日本樓價仍然向下（這會否令人回想香港特區政府的「八萬五政策」？）。

要在投資市場中「一本萬利」——以小的本錢賺取大的利潤不是沒有可能，重要的就是時間及回報，即是要在年青時開始投資。在二十歲開始每月投資二千港元並能賺取每年一成的回報，到六十五歲時便坐享二千多萬的收成。

投資的是本，曾經作過「一本」的投資才可能賺取「萬利」的回報；投入的本不單是金錢、精神、知識，累積的本愈多，將來的利潤會愈大。但人若只懂得在上上落落的市場中炒出炒入，結果未必是一件美事(對於收受佣金的經紀來說，你的賣出買入確是他們的美事！)。難道我們還要將這種炒上炒落的智慧「遺傳」給下一代嗎？

中國人的《三字經》傳下智慧：「人遺子，金滿籯；我教子，遺一經。」一本真是可以萬利，這本就是聖經。

步步高陞的投資

亞拿尼亞在妻子的同意下，賣了田產，把賺得的錢私自留下一部分，餘下的才交給使徒。使徒問他，為何讓撒但控制了自己的心去欺哄聖靈，將賣田產的錢留下一部分，卻當作是全盤奉獻給上帝。後來亞拿尼亞和他妻子都在使徒的腳前仆倒死去。

使徒行傳5:1~11

這二人作出金錢的奉獻，卻換來被擊倒的下場，主要原因並不在於奉獻的數額不足，而是在於欲以虛偽的行為躋身於一羣樂意賣掉自己田產作奉獻的信徒當中。他們的行為並不是欺騙人，而是欺騙上帝。

人仿效美好的典範、逐步向上提升是無可厚非的美事，亦是人正常心理的驅使。中等收入人士總希望躋身富有階層，這可能出於面子或是為了滿足心理的需求；而低收入人士亦渴望一嚐「富有」的感覺。於是貴價貨品不單在富有的市場佔據穩固的地位，亦由於其他人士的愛慕而成為被選購的高貴時髦產品，這樣的連鎖反應令貴價貨品成為市場的寵兒。

刻意不將自己的產品降價是反薄利多銷而行，亦是重要的營商之道。過往的Pierre Cardin專攻貴價市場，後來卻降價吸引較低收入的顧客，結果淪為中下價貨品，為富有顧客所唾棄。證明降價只會令商品與名牌精品絕緣，在顧客心中烙下不可改變的「廉價」形象。

事實上，「厚利經銷」才是令猶太人「步步高陞」的營商之道，薄利多銷對猶太人來說就是把枷鎖套在自己的脖子上。

賺取厚利，躋身名流，難道真的是「步步高陞」的具體表現？中國在二十一世紀輸出不少賭場大豪客，一擲百萬美元，賭場為他們預備個人帳戶，除免費機票食宿外，更有簽證及翻譯同行等尊貴服務，皆因他們為賭場帶來豐厚的收入。當中不乏政府官員貪污枉法，以豪賭來洗淨污錢，務求袋袋平安。這樣的「高陞」卻帶來社會的腐敗。另有中國人營商有道，踏上「高陞」之途，可惜富豪的享受令他們摧毀美好的家園、摯愛的朋友。

其實要「步步高陞」成為百萬富翁並不困難，時間及回報率是厲害的投資工具。根據七十二守則（Rule of 72），回報率×投資年期約等於七十二；以一萬美元計算，年回報率10%，在7.2年所投資的金額就會倍增，即是二萬美元，如此類推：14.4年有四萬，21.6年有八萬，28.8年有十六萬，36年有三十二萬，43.2年有六十四萬，50.4年有一百二十八萬。若以財務計算機運算，一萬本金，年率10%，50年的實際回報就是約一百一十七萬。〔這裏的計算，未包含「時間值」（time value of money）的考慮。〕

人欲躋身富有階層，彷如亞拿尼亞晉身令人羨慕的奉獻信徒行列，卻換來仆倒的下場。正是「步步高陞，鷄犬不寧」，這並非我們所羨慕。

投資智慧論

投資有道

我以認識我主基督耶穌為至寶，把萬事都當作虧損。我只渴望認識基督，體驗祂復活的大能，跟祂一同受苦，並且經驗祂的死，希望我自己也得以從死裏復活。

腓立比書3:8~11

對於說出這段話的保羅來說，要全面認識基督就是要認識祂復活的大能，那麼就要在個人生命中體驗基督的受苦，這是跟隨基督的人必須走過的道路。人因基督的緣故受苦，並得著動力賦予苦難豐富的意義，全因為基督復活的能力。苦難不能令我們與基督的愛隔絕，卻能帶給我們盼望和榮耀。分擔祂的苦難，經歷祂的死亡，正是跟隨基督的生命流露，以致藉著上帝更新的大能使我們更像基督。這份持續的認識及體驗正闡明保羅為何會看萬事為有損，作出得著基督為至寶的長線投資。

長線投資是不少投資專家所推薦的，短期的市場波動不足以成為變賣現貨的主因，頻頻買賣倒頭來可能是得不償失的「白做」。投資的目的只有一個，就是賺取利潤；「一鳥在手，勝過二鳥在林」，能夠獲取個人滿意的盈利而能進一步妥善地運用，目的便已經達到了，那管是長線抑或短線。

香港人以「精打細算」見稱，無論是街市兩斤菜、超市一斤肉，小店一百元三件衣物、名店數千元一條領帶；衣、食、住、行、旅行公幹，香港人總會搜集資料，聽取意見，甚而細心思量後才作出抉擇。但大部分人卻在投資路上惶惶恐恐，跌入20/80原理的網羅，成為失意而回的大多數(即80％的投資者)。歸根結底是由於人沒有認識所投資的產品，只憑道聽塗説作出決策，結果飲恨而回。這份輕率的態度絕非投資者所持有的。

成功的投資並非靠聰明獲得，卻要涵蘊一份「心性」，這決非一顆僥倖心(try-your-luck mentality)，而是一顆認識心(the knowing mentality)。這份心驅使你作出批判分析、反覆思量、審時度勢，將難題視為機會，將形勢轉為策略，當上自己金錢的主人(對基督徒而言是管理主人金錢的精明義僕)。

投資是一種學問，學問是要擺上時間心力，在投資上鑄成大錯的並非那些無投資學問的人，卻是那些一知半解自以為是的專家。對於投資名家畢非德(或譯巴菲特，Warren Buffett)來説，認識該公司的生意前景，在研究分析後以合夥人的心態長期持有該公司的股權，以無比的耐性作出長線的投資，令他成為全球第二大富翁，擁有四百二十億美元的身家。

人願意為個人的財富傾出時間心力思考分析，這份心正是保羅所言的「認識」。在遇上耶穌後他看萬事如糞土，竭力追求以認識主基督耶穌為至寶，作出一生長線的投資。

但莫明的是不少基督徒是短線而心存僥倖，在個人財富上謹慎自守獲得眼前的回報，卻在基督身上作出馬虎了事的認識。

認識你的投資，積聚你的財寶，是每一個基督徒要開拓的價值自覺、純誠無偽的心。

見《福布斯》*Forbes*, special issue, March 27, 2006, http://www.Forbes.com/billionaires/。

投資智慧論

投資十分一

每一年，我們要把那用最先收成的五穀做成的麵團帶到聖殿的祭司那裏；也要把酒、橄欖油，和各種水果獻上。我們要把土地收成的十分之一帶給在我們村上收十一捐的利未人。

尼希米記10:37

舊約聖經記載猶大總督尼希米在返回耶路撒冷重建城牆後，為猶大子民宣讀律法，重新與上帝立約。提及奉獻十分一以維持聖殿的運作，可惜聖殿沒有收到固定的十分一捐獻，以致供職的利未人和歌手沒有足夠的食物維持生活，紛紛離開耶路撒冷。

姑勿論長線或短線，你一定要認識你所投資的產品，否則你不應進入投資市場。要投資就要用「閒錢」而非「急財」，那些用來應付生活需用的就是急財，就如學生不應以學費、師奶不應以飯錢作投資，恐怕虧蝕後會影響生活或其他更重要的目標；何況運氣更非投資應有的心態。「財不入急門」是不少人經驗之談。

那麼，閒錢從何而來？相信不少太太女士是箇中高手。大部分人的收入來源是每月的工資，若能實踐猶太或基督信徒十一奉獻的心，即是每月將收入的十分一儲蓄投資，數十年後所累積的會是可觀的財富。

每月儲蓄十分一以定期定額的方法投資在選定的產品上，這種「平均成本法」是有效的投資之道。這當然需要眼光選擇你所認識的產品，以務實的心態順應趨勢的發展，加上持之以恆的魄力，在時間的點滴下聚沙成塔；正是「小莫小於水滴漸成大海汪洋，細莫細於沙粒漸成大地四方」。

有人計算若從八〇年開始每月投資恒生指數一千港元，經過二十年的時間至十一月共投入二十三萬九千港元，但投資數值已經翻了六倍達一百三十五萬。每年的回報近一成五，還未計算數個百分點的股息收入呢。

時間(time)是投資的朋友，時機(timing)更是投資的謀士，掌握「平安」出入市場的時機當然是致勝之道。雖然這確是難以捉摸，卻非無從掌握；多觀察多思考、多認識、多分析，是不少投資者的經驗之談。

投資是建立未來。少少的十分一足以養活利未人的羣體，維持耶路撒冷聖殿的運作；香港不少基督教羣體都是在這樣的奉獻下生存、成長。

一個懂得為自己積聚十分一的投資者是做自己資產的主人，一個願意為上帝的家存入十分一的基督徒是接受上帝賜福的僕人。懂得為自己積聚財富是今世的聰明人，願意為上帝的家「開枝散葉」是蒙福的人，因為這福氣從今世延至來世，且是豐豐富富至「無處可容」。

投資智慧論

投資要恩賜

不要看自己過於所當看的；要照著上帝所分給各人的信心的大小，看得合乎中道。

羅馬書12:3

人不應過分自信，自視過高；理應謙遜謹守，以中肯的態度冷靜正確地自我評估。但如何可以恰當地自我評估？便要按著上帝所量給你的恩賜與運用這恩賜的信心來衡量自己。上帝所賜的不單是恩賜，還有運用恩賜的信心，以致你可以在基督裏與其他肢體彼此配搭、和諧事奉。信徒彼此有別，但人所得的是上帝特意量給各人的「一份」恩賜，人理應掌握這份恩賜及抱持信心運用這恩賜服事羣體。

對於大部分人來説，工資是財富的重要來源，除卻日常需用的開支，餘剩的可以作為資本來投資增值。投資固然重要，但更重要的是個人事業發展的道路，要選擇一門適合你的行業，一門既有興趣又可發展個人能力及潛能的事業作為資本的來源。二十一世紀的民間智慧告訴我：「男怕娶錯娘，女要入『正』行」。

男所娶的若是不勤不儉、隨意花費的女子，試問家庭何來資本投資致富；若不幸娶著那些「投資殺手」，胡亂跟隨潮流、盲目在市場追逐金錢，試問家庭何以追尋幸福？

女若能入「正」行，益處比男性更為廣泛顯著。現代女性雖然普遍遲婚，卻日漸提昇自己的社會地位，這主要由於高等教育的普及造就更多女性加入專業人士的行列，以致具備更豐厚的經濟基礎，大大提高女性的自主能力。無怪乎二〇〇四年《時代週刊》指出東南亞的離婚率直逼西方的數字[10]；「嫁錯郎」並非一件美事，但女性已經可以抹掉傳統的恐懼。〇四年的一份經濟論文指出更多西方女性在結婚後保留原姓，放棄跟從夫姓的情況已經蔚然成風。這樣的改變基於不同的因素，包括從夫姓會對一嫁再嫁構成麻煩等；更重要的是女性的專業資格已經造就了更大的賺錢能力。

男性何嘗不需要入「正」行！人至少工作三、四十年，事業的發展不單可以帶來財富的累積，也委實影響一生。如何可以入「正」行？聖經指出上帝量給人不同分量的恩賜，人若能掌握這份恩賜以致不會自視過低或過高，按著恩賜作出教導、勸勉、施與或領導的工作，工作時更是用心勞苦、高高興興。

要入「正」行就要發展一份恩賜感(gift awareness)，甚麼是恩賜感？讓我以一個比喻來說明：要學好英語，先從「聽」和「講」開始，然後學會一個字、一個詞和一句句子，往後發展「讀」和「寫」的能力。語言學家提出一個稱為「語感」(phonological awareness)的概念，就是把一段說話有意思地分割為更細部分的能力——從一段話到一組字、從一個字到一段段音節。要擁有這份能力便要對聲音有足夠的敏感度，能夠從字當中聽到其音節；以「聽」「講」為主的語感訓練便可以達到一定的成效。

恩賜感就是要將個人的能力有意思地分拆開來——從一份職事到一組崗位、從一個崗位到一個職能。人要了解自己的恩賜不是從「做」乃是從「聽」開始，像舊約先知撒母耳回應上帝：「請說！僕人敬聽。」絕然不是：「要聽！僕人要說。」

要把資金注入你的投資，才可以滾出更大的收益；資金的來源表面上是你的事業發展，實則是你恩賜的開拓。

見*Time Asia*, April 5, 2004, http://www.timeasia.com，封面主題是Marriage meltdown（溶化的婚姻）。

投資智慧論

投資「冇望」

後來，撒母耳回拉瑪去，沒有再看過掃羅，但是他為掃羅悲傷。上主對撒母耳說：「你還要為掃羅悲傷多久呢？我已經棄絕他，不要他作以色列的王。你帶些橄欖油到伯利恆去，到一個名叫耶西的人那裏，因為我已經選了他的一個兒子作王。」

撒母耳記上15:34~16:1

撒母耳對掃羅情深義重，為掃羅王位被廢深感惋惜；縱然對他愛護仍在，卻沒有甚麼的往來。上主卻指出要另立新王，毋須為被廢的心傷。

雖然人生滿載情感希望，但投資市場並非「談情說愛」心存寄望的合適場所。「希望」與「絕望」均不是投資智慧的化身，亦非理財有道的朋友。它們會令你作出錯誤的抉擇，不願面對現實，甚而走上貧窮之途。「希望」更會阻止你行使止蝕的權柄，令你「贏得開心」，卻「輸不甘心」。事實上，「絕望之為虛妄，與希望相同」應是投資者把持的心態。

投資市場非以情感來定位，要以冷靜頭腦理智分析；具備分辨輸贏的智慧，面對現實的勇氣；放眼整體的投資，看見樹木又見樹林。

一家大小滿懷喜悅去看兒童話劇，到場才發現門票不翼而飛，你願意再掏腰包另購新票嗎？若然到現場購票時才發現五百元鈔票不知所縱，你願否樂意購票延續喜樂心情？前者多是心有不「甘」以致敗興而回，後者多能盡興而返。無論是門票抑或是金錢，損失已是既定的事實，何必為情緒困擾，倒不如開心再上路。

投資需要這樣理智的行為。要轉虧為盈就要將虧蝕的賣掉。夏巴(Bob Harper)的家族在香港經銷福特汽車多年，到六十年代出現財務問題被撤銷福特的分銷權。後來聘用了韋理(Bill Wyllie)為公司把脈治病，遂專注汽車經銷，毅然賣掉其他業務。結果轉虧為盈，不單重奪福特的獨家分銷，還得到寶馬等汽車品牌的分銷權。投資不容許心存希望，虧損不應存留太久，定要當機立斷。

投資市場的變數難以測度，正如香港回歸八年的政局背後就是「凡事都可能」：擁有過千萬的物業卻會突然變為傾家蕩產；肯定立法會無法推翻的《基本法》二十三條立法卻被突然擱置；長期對抗政府的長毛卻突然成為尊貴的議員；連「董建華下台」的口號卻突然成為事實。投資環境的變幻教人心知不應把持弱勢股票，卻應著眼整體的投資表現；要「輸得甘心」，壯士斷臂免致為害全身。

對於那些離棄上主訓令的人，在給予連番機會後仍不知悔改，上主會將這枝子砍去，並勸人毋須惋惜；掃羅是一個引以為戒的例子。你跟隨基督多年會否帶著掃羅的影子？為生活奔波？為財富賣命？

要得著，並不在乎貪戀嫉妒、鬥毀爭戰；你們得不著，是因為你們不向上主祈求。

投資智慧論

輸得甘心的投資

大衛殺死敵人歌利亞後，軍隊凱旋；以色列各城鎮的婦女都出來迎接國王掃羅。她們興高采烈地拍著鈴鼓，彈著七弦琴，一面跳，一面唱：「掃羅殺死千千；大衛殺死萬萬！」掃羅不喜歡這歌，氣憤地説：「她們給大衛萬萬，只給我千千，只差沒捧他作王罷了！」從那天起，掃羅妒忌大衛。

撒母耳記上18:6~9

掃羅妒忌大衛已達至要置他於死的地步，因為掃羅輸不起他的面子，輸不起他的王位，最終走上自毀的道路。雖然不致被敵方非利士人所殺，卻以自盡終結一生；頭顱被割掉，屍身被釘在城牆。

「輸不甘心」是不少投資者的表現，當中主要有兩方面的病徵：一是只見樹木不見樹林，忽略整體投資的眼光；二是短線心態(short-term mentality)。不想以行使止蝕作為你的投資策略，倒不如以曾提及的「平均成本法」(見本書〈投資十分一〉一文)在選定的市場或產品作出定期定額的投資；不理會市況的高低，不在驚濤駭浪中離場，實踐到底。

長線定額投資並非孤注一擲，而是選擇經濟有增長潛力的地區、市場或產品。縱然在入市後出現虧蝕，大市在數年後自會止跌回升，這種持之以恆的做法至終會帶來回報。以美國二十年代末開始的大蕭條為例，投資七年便可收到百分之五十五的回報。定期投資與一次過投資存著不同的法則，持之以恆，終有回報。

有一點要注意的就是定期定額投資的市場除了是長線有表現外，波動較大的會較為合宜，因為這會拉低平均成本。買賣基金以定期定額進行，當基金價格下跌，固定的金額可以購入更多的單位；當價格上升，購入單位相對減少。這種做法避免價低時不敢買入，價高時不致爭相購買的不良現象；結果卻可令全期平均投資的價格推低，令投資者得益更多。

「長線投資有利」是不少基金經理的格言，短線買賣卻是他們的實際工作，這不單使帳面利潤實質化，還可以落實他們的花紅收入；因為投資者需要帳面盈利更要紅利的分發。

投資基金固然是長線的工作，但股票買賣卻不應以輕率的態度處理市場的波動；因為股市牽涉龐大數額、流動極快的資金，急升暴瀉已是市場的慣例，不認識你所投資的股票足以令你血本無歸。「輸得甘心」就成為股票投資者行使止蝕的重要心態。

投資固然為了盈利，但有了錢並不代表凡事都可行，連進入私立幼兒園都可以是不可行的事情。華爾街公司的高薪酬令更多家長逗留在紐約市發展，紐約市在〇三年有一個現象：五十五萬多五歲以下的兒童，要進入曼哈頓私立幼兒園比進入哈佛大學更加困難；前者的申請入學比率是十五人爭奪一個學位，後者的學位平均是每個學位有十一個競爭者。幼兒園的學費更高達每年二萬多美元，達國立大學學費的兩倍；對於那些腰纏萬貫的家長來說，自己的子女被拒或被列入後備名單均是令他們不習慣的事情。

基督徒「仗財富、爭啖氣、奪面子」雖是不當的事情卻是部分人慣常的做法。上主給我們一口氣，我們卻要爭一啖氣；上主給我們祂的形象，我們卻要奪回個人的面子；上主給我們大地為家囑咐用心管理，我們卻要在地上建立自己的王國增加個人的財富。

「輸財富、失口氣、掉面子」絕非憾事，惟有當基督徒的你失掉上主的形象、上主的生命之氣時，才會驚訝未能完成上主託付的管理。

見*The Seattle Times*, http://www.seattletimes.com : 'Private Kindergarten Tuition in N.Y. more than $26,000', February 16, 2004。

投資智慧論

審時度勢、艱苦奮進

耶穌又對他們講一個比喻：「你們看看無花果樹和其他的各種樹。它們一長出新葉，你們就知道夏天快到了。同樣，你們看見這一切的現象就知道上主的主權快要實現了。」

路加福音21:29~31

在冬天，橄欖樹及長青樹均不會落葉，但無花果樹則有所不同。正當冬天飄逝暖和的天氣來臨之際，無花果樹便發芽長出新葉，人就知道夏天近了。同樣道理，人看見災難及迷惑人心等現象就曉得人子耶穌的快來。那麼，夏天和耶穌還沒有到來只是快來而已。

趨勢是建立投資策略的重要一環，能夠在大勢下趁勢作出恰當的調配便能滾存利潤。但如何能夠得見趨勢？人不能預知未來，怎可以準確預測股市匯市、金市樓市的走勢。投資若只是基於預測總會付出沉重的代價。

投資專家告訴我們在追隨趨勢下要曉得止蝕，建議將本金一成定為損失的規限。以金價為例，由二百二十元(美元，下同)升至二百五十元，上升百分之十三，於是小量購入，訂止蝕盤於二百二十五元，即最大損失為二十五元。若金價升至二百八十元再買，在上升的趨勢形成下訂止蝕盤於二百五十元；若金價升至三百一十元再買，訂止蝕於二百八十元；到此地步已經可以説是坐和望賺。

在市場升勢中獲利可以多達兩倍以上，但在跌市中很容易會輸掉利潤及本金以致得不償失，故此避免損失比賺取利潤更為重要。

英國電器連鎖店DIXION於〇四年宣告錄影機已死，意思是錄影等技術已進入DVD世紀（英國沒有VCD年代，從錄影帶便進入DVD）。今日的錄影技術已經撇棄會發霉的影帶，二十一世紀的Disc已經取代了影帶的多年地位。這是大勢所趨。正如柯達（Kodak）不可能在新世代中停留於賣菲林的利潤時刻，而是要在新形勢下更新轉換。

二〇〇五年東芝（Toshiba）宣佈將生產一種新的鋰離子（Li-ion）電池，暫名為超級充電池（super charge battery）。這電池可於數分鐘完成充電，比一般鋰電池的充電時間快六十倍；而在正常使用電池下可重複充電一萬至十萬次，這樣，一生人便不需再買第二枚電池，因為假若每日充電一次，充電十萬次便可用上二百七十多年。估計這種新電池於二〇〇六年推出，先應用在工業用具上，後用於……。二〇〇四年一些公司展示過燃料電池（fuel cell）的手提電腦及手機，但隨著高速充電鋰電池的出現，燃料電池會否「未出師，身先卒」呢？

這就是趨勢，有如潮水的漲退，又如海嘯的排山倒海，大勢下挾著各樣事物各類人物朝同一方向推進，當然不會先徵詢閣下的意願。

要審時度勢就要學習觀察分析，要站得高才可看得遠，要綜觀全局才可掌握潮流動向，在時間的洪流下累積功夫，才不致在漩渦中困惑迷失。你看見無花果樹長葉，觀察到大地災難的發生，還以為人子耶穌再來的時間遠嗎？

相信大部分基督徒不會認同藉著上主的恩典，因信基督被稱為義後仍可以繼續刻意犯罪，但不少信徒在歸信基督後只當上「出入平安的信徒」，即是「禮拜天基督徒」(Sunday Christian)；似乎全然忘掉基督教成聖的教義(the doctrine of sanctification)，學習分別為聖這功課，在艱苦困乏中仍積極奮進，在基督再來的大勢下獻上自己，竭力事奉。

3 寓意釋投資

「所有投資者都是在捕風捉影，因此沒有理由相信自己比其他多不勝數的投資者得到更可靠的投資情報。」

格雷厄姆（Benjamin Graham）

寓意釋投資

《三隻小豬》——聰明愚拙

聰明人把房子蓋在磐石上，縱使風吹、雨打、水沖，房子也不倒塌，因為它的基礎立在磐石上。可是，愚拙人把房子蓋在沙土上，一遭風吹、雨打、水沖，房子就倒塌了，而且塌得十分慘重。

馬太福音8:24~27

近東一帶酷熱乾燥的氣候會產生獨特的風暴，包括狂風碎石傾盆大雨，乾地一下子奔流直瀉，活像一個衣著光鮮的婦女突然發難滔滔不絕地咒罵，勢不可擋。建築在沙土上的房子又怎能抵受這嚴峻的擊打？

耶穌這比喻令我想起向小孩訴說的故事——三隻小豬。貪睡的大豬以禾草作材料蓋房子，貪食的二豬以木條作材料，勤奮的小豬卻以磚頭作材料。在沒有豺狼襲擊、天氣一片晴朗下，三隻小豬的房子都沒有多大分別，可以安居樂業；但當豺狼偷襲、狂風暴雨時，草屋和木屋便被砸得稀爛，只剩下勤奮小豬所搭建的石屋。

投資市場就是這個樣子，在市場順景(俗稱牛市)的日子中沒有傻瓜，只有財源滾滾的「天才」，但當市場大幅波動，基礎不踏實的投資便受到虧損，彷如草屋和木屋。相信在投資市場活動的香港人不會忘記一九九七年的樓市及二〇〇〇年時的科網股泡沫爆破；可惜香港投資者的拼搏精神絲毫未損，一而再、再而三的屢戰，卻始終掉進了屢敗的網羅。

投資學問中有OODA的策略：Observe——觀察；Orientate——辨別方向；Decide——決定；Act——行動。頭兩個「O」是平常功，彷彿是功夫的基礎功如紮馬練力，是謀而後能動的「謀」，是儒家思想中的格物致知、誠意正心，(粗略的意思是要做到行為求正就先得拓展自己的價值自覺、先使自己的意念真誠無偽、以及先使自己的心靈不受情緒的干擾)。要觀察、要辨別，就要「心定人靜」，作出資料的搜集及分析、總結經驗、制定投資策略，在別人還未動之時你已經建立據點賺取利潤。

「大富翁」這玩意含有「OODA」投資決策的模式，必勝技是利用有限的商機買入土地，在自己的據點建立房屋酒店，贏取路過者的租金。當然投資不是由骰子帶著走。

事實上，現今的藥廠正在玩「大富翁」的遊戲，進行收購和合併的工作。藥廠的利潤主要是有專利保護的藥，當專利權屆滿，其他藥廠便相繼生產，於是大藥廠便收購那些非專利的生產商，藥的價格便操控在這些大藥廠手上。相信政府也難以支持日益俱增的醫療經費，遑論是個人的財力。那麼，人便要將重心從治療轉為預防，這才是正確的投資之道。

耶穌的比喻道出「實踐」的重要，這是今世的基督徒不容忽視輕看的教導，愚拙和聰明就在乎聽而不行與聽而實行的重要差別，因為人能否在末世的震怒下穩固站立全在乎人所選擇的表現。當然，登山寶訓並非一種新的律法主義，以遵行一系列的訓令來追求上主的義；因為耶穌教導的整個場景(total context)是上主國度的臨近，是遍嚐上主恩典新紀元的開始。這就表達了新約的福音，一份要你我竭盡所能實踐的貴重福音。

聽明人的投資不只放在今世，上主的國度更是不容忽略。

寓意釋投資

《百萬身家》——近在咫尺

大兒子從農場回來聽見音樂和跳舞的聲音，便叫僕人過來問個究竟，僕人說：「你弟弟無災無病地回來，你父親便把小肥牛宰了慶祝。」大兒子極為氣憤不肯進去慶祝，於是父親出來相勸，他卻說：「這些年來，我辛勤地為你工作，你連給我一隻小山羊與朋友熱鬧一番也沒有。但你的小兒子將你的財產花掉在娼妓身上，你卻為他的回來宰了一頭小肥牛！」父親對他說：「兒啊！你常跟我在一起，我所有的一切都是你的。」

路加福音15:25~32

大兒子的惱恨令他只看見個人的優越，卻忽略了父親的愛亦包括自己的弟弟——是血脈相連的弟弟，更忘記了父親的愛常與他同在，正如父親的一切都是他的一切。

投資市場不外乎兩件事：一是買賣甚麼(what to buy/sell)；一是何時買賣(when to buy/sell)。一九九七年八月，在香港特區政府推行的「八萬五」政策中，最不適宜投資的自然是房地產或地產股，因為這是政府的重點打擊對象。這是「審時度勢」的功夫，要了解行業的盛衰循環。另一個重大要素就是何時買入、何時賣出，重點是低價買入、高價賣出。世間能夠洞悉天機知曉最低和最高價格的人少之又少，但「寧買當頭起，莫買當頭跌」確是智慧投資的指引。市場重要的投資智慧就是你我皆知的普通常識，但實踐起來卻須連番功夫。

「物極必反」指出事情的發展到一個極點便會掉頭走；就如鐘擺一般，向左擺蘊藏著拉向右的力量，左擺到極點會回頭向右走。經濟活動在變化的週期中進行，左右樓宇價格除了利率高低、通貨膨脹或萎縮等因素外，更重要的是市場的需求和供應。需求的增加令樓價飆升，遂刺激業者開發增產的工程，新增的供應有助壓抑樓價；但一段時間後造成供應過剩並引致樓價下跌。而一個樓價低廉時期過後，樓宇的建築就缺乏動力，從而為不久將來樓價的鋭升奠立基礎。這是市場的規律，起跌就是一個循環，在起跌中賺取利潤是不少人的夢想，但這明顯是知易行難之事。

有兩點要切記：一忌匆忙決定；二忌貪得無厭。現今世代的投資機會真是多如地上的塵沙，時間——你的投資朋友——提醒你市場會有你的投資空間，不願買錯亦不願買貴是要實踐的普通常識。在投資的時候要從容地作出決定，半點也急不得。富人窮人同樣可以是貪得無厭慾望纏身的人：一個心中有錢手中無錢的人可算是痛苦難堪；心中有錢手中有錢的人較好一點，但卻仍有不少煩惱；心中無錢手中有錢的，則相信會較為快活。

如果我説你是一個有錢的百萬富翁，你會罵我「傻」嗎？我並非在開玩笑，這倒是一個事實：你願意接受二十萬賣掉你的青春成為老頭子嗎？再以二十萬賣掉自己的美貌成為醜八怪嗎？再以二十萬賣掉自己的健康以致百病纏身嗎？再以二十萬賣掉自己的智慧成為癡呆渾噩的傻瓜嗎？再以二十萬賣掉自己的良知成為殺人放火的惡魔嗎？如果別人以一百萬仍然買不到你身上的東西，那麼，你不已是百萬富翁嗎？

人能夠不再歎息、不再憂鬱，能夠微笑的面對自己的生活及身邊的親人朋友，不在乎擁有多少金錢。當你與我成為基督徒，立志一生跟隨基督的時候，你有否察覺上主的豐富成為你我俯拾皆是的肥牛小羊。

人生命的喜樂不在乎金錢，卻在乎你能明白上主的憐憫慈愛。

寓意釋投資

《仙履奇緣》——成就使命

耶穌帶著彼得、雅各和約翰到山上禱告，耶穌在禱告的時候外貌改變了；他的衣服也變成潔白發光，三個門徒忽然看見以利亞和摩西出現跟他説話。那兩個人要離開耶穌的時候，彼得對耶穌説：「老師，我們在這裏真好！讓我們搭三座棚，分別給為你、摩西和以利亞。」正説這話的時候，一片燦爛的雲彩籠罩他們，有聲音從雲裏傳出來説：「這是我的兒子，是我所揀選的。你們要聽從他！」聲音過後，門徒抬頭一看，只見耶穌，其他的人卻不見了。他們於是下山，門徒沒有向任何人提起所看見的事。

路加福音9:28~36

彼得彷彿想起以色列人在收割完成後過住棚節，要在棚子裏住上七天敬拜慶祝，或是想起會幕正是上主跟子民相會説話的地方；無論如何，他似乎渴想要在人子受苦前實現耶穌所提及天父榮耀的顯現。

不用受苦而得著榮耀，彷彿是不用辛勞而得著財富，這是你的願望嗎？

自一九九八年亞洲金融風暴以後，投資市場出現了一些頗受歡迎的科技股，這些科技股於二〇〇〇年三月中達到歷史頂峯，令不少投資者在一覺醒來後成為百萬富翁。

素有「股神」之稱的美國富豪兼投資專家畢非德(Warren Buffett)卻因為在一九九九年沒有投資科技股而令公司利潤跑輸大市。當時不少人認為「新經濟」年代已經來臨，要徹底改變投資觀念，不應像畢非德般墨守成規，只選擇具增長潛力但股價偏低的股票並長線持有。

在科技股熱潮下，不少「灰姑娘」都自願參與這幻似童話的「舞會」，不少人認為電腦網絡公司是新經濟下的代表，縱然成立時間短促，卻充滿虛擬的美景；相信不少人的頭腦也被「虛擬」起來。

在二〇〇〇年四月紐約股市經歷了黑色星期五的暴跌，納斯特克指數顯示市場在數日間蒸發了約兩萬億美元的股票市值。被稱為食古不化的畢非德由於沒有染指於這高科技投資熱潮，卻成為逆市的贏家。對於畢非德來說，投資和投機的分界線縱是模糊不清，但看起來垂手可得的投機活動實是至為危險。

《仙履奇緣》中的灰姑娘在仙女的幫助下興奮地參加了舞會，在與王子共舞這如癡如醉的光景下，險些忘掉午夜時分離開會場的承諾，彩衣變回破衣、車伕變回小老鼠、馬車變回大南瓜；幸好所遺留那隻玻璃鞋仍有法力伴隨，藉此得以與王子相認重逢。但若灰姑娘沒有及時離場，童話故事可會有這圓滿結局？

能夠在市場下跌前及時離開，彷如指望在午夜前最後一刻離開舞會；但正如畢非德所言，在載歌載舞的舞池中跳得天旋地轉，能夠辨清十一時三刻已是殊不輕易，更何況舞池裏的時鐘是沒有指針呢！

基督徒在工作、事奉的地方經歷起跌、辛勤刻苦、跨越艱困後成為領導班子的一員，可謂居功載譽，實至名歸。耶穌卻沒有在登山變像後被衝昏頭腦，仍緊記在變像中所談論他將在耶路撒冷以死來完成使命之事，耶穌深切明白此時要離開這份榮耀的光輝，「下山」是必要的。要成全救恩就要背上十架，要承受榮耀就要面對苦難，這就是基督教的救恩。

當信徒在工作的地方被董事局執事會確認嘉許、被同事會眾讚賞認同之際，會否就是要抽身離場的時刻？退下來並非要成就灰姑娘的童話結局，而是要「不見一人，只見耶穌」。

《三隻青蛙》——黑暗後的光明

起初上帝創造天地。地是空虛混沌，淵面黑暗；上帝的靈運行在水面上。……上帝稱光為晝，稱暗為夜。有晚上，有早晨，這是頭一日。

創世記1:1~5

創世記以晚上、早晨的次序記載一日的完結，表明光的結束正是上帝暫時放下創造的工作；當光重新出現時，創造奇工又再次開始。這是古時中東美索不達米亞的概念，認為黃昏是一日的開始；這與猶太人的觀念相同。猶太人守贖罪日就是從一日(即七月初九日)的黃昏到第二日的黃昏，守為特別的安息日；這個傳統成為猶太人宗教曆法的基礎，以致安息日等節日均是從日落後開始。

對於以晚上為開始以早晨為結束的觀念，猶太人有這樣的詮釋：「與其明亮地開始，黑暗地結束，倒不如黑暗地開始，明亮地結束。」這彷如中國人「先苦後甜」的想法，亦是一個重要的投資理念。

人的眼睛是由黑白兩部分組成，但只有透過黑暗的部分才可以看見東西；猶太人相信這是由於人必須透過黑暗才能看見光明。從苦難和黑暗開始，進入幸福和光明的地方；經歷了苦澀才能品嚐甜美。這是重要的投資智慧。

美國「股聖」畢非德堅持集中投資在數家傑出的公司上，其公司巴郡哈撒韋集團作出長線投資卻從不派息（因為他比小股東較能有效運用資金）。但這是過往二十多年的事，因為今日的優質股份已經愈買愈少。若然投資只在乎長線持有，世界哪會有窮人？要投資就要先作出分析，是一種廢寢忘餐的資料搜查以印證個人分析的正確程度。繼而嚴陣以待觀察走勢作出相應的調校，沒有人願意購入虧本投資然後長期持有。

投資的分析調校可以說是一種「苦」。「冷氣機之父」開利（Willis Haviland Carrier, 1876-1950）曾被上司下令研究降低室溫的方法，年輕的他經歷多少個無眠的晚上想過辭職不幹，後來卻又靜下來，決定迎接挑戰，與工程師、化學師等尋找一種氣體適合放熱和吸熱，最後於一九〇二年七月十七日製成冷氣機模型，在八十項的專利權下繼續開發冷氣機系統。這是危機內的契機、艱苦中的幸福、黑暗後的光明。

投資的理念是要在逆境中奮進，不要單擁有賺取財富的頭腦，更要有恰當的行動。

三隻青蛙掉進了裝滿鮮奶的木桶裏，第一隻認為這是神的旨意，逆來順受，於是動也不動的接受。第二隻認為木桶太深難以跳出逃命，於是和第一隻一樣綣縮雙腿。牠們的結局相同——被淹死。第三隻卻努力游來游去，心想只要後腿還有氣力就可以把頭伸出鮮奶上面；結果鮮奶被攪成奶油，變成硬塊，第三隻青蛙便站在硬塊上一躍而出。

人的生命不介懷苦與甜、暗與光，因為工作辛勞境遇坎坷是不少香港人在九七後的經歷；投資順景財源滾來，風險逆境節衣縮食，苦樂人生在所難免。人的生命是要在不同時間追求不同東西。人到中年正是強壯忙碌的時候，要建立事業又要照顧家庭，事實上是難以兩全其美。花時間陪伴子女成長便會影響事業，要在工作上攫取回報就要犧牲生活的享受。

假如你事業、投資皆順景、生活優哉游哉、家庭和諧融洽，這是由於你平衡有道？抑或這是要你停下來不住的感恩？抑或這是要你學習選擇事奉上主的時刻？

見http://inventors.about.com或Wikipedia, the free encyclopedia。

寓意釋投資

《一元滅國》——複利滾存

先知死後，剩下妻子、兩個兒子、一個債主。債主臨門要以兩個兒子作奴隸償還債項。寡婦遂向上主的僕人以利沙求助，以利沙告訴她向鄰舍借用容器，愈多愈好。寡婦於是回家，將僅有的一小瓶橄欖油倒進容器，然後與兒子們照著吩咐去作，結果所有容器都滿載橄欖油；後來將油賣掉，足夠還債及日後的生活。

列王紀下4:1~7

一個人死後沒有遺下甚麼並不要緊，較差勁的是過往的日子原是靠債度日，今日便無以為繼，債主臨門更不知所措。得到「同行」以利沙的幫助，實則是上主的介入，令寡婦可以重過不舉債的生活。

收入是大部分人的生計來源，多工作可以多消費多投資。七十年代以前，我們的父輩不少是身兼二職，在正職以外再加上一份收入；例如有父親早上開大貨車，晚上兼職開小巴；有額外收入便可以買電視機，更而進一步投資。過往兼職的光景在二十一世紀的香港並不普遍，這並不是由於香港人已經心滿意足，追求閒暇的生活。而是香港的「蔗渣文化」已是十分普遍，不少人工作十小時以上，例如不少大廈護衛（看更）的制度是兩班制，工作了十二小時又何來有精力繼續工作！人已經如蔗般被搾盡。另一個原因是不少年輕人失掉了父輩克勤克儉的精神，未曉得增加（額外）收入已學曉過度消費；遑論為未來打算。

要為未來打算，改善生活質素，就要成功地自我增值；但是我們並非投資顧問或基金經理，又何來豐富資料參考作出盈利的投資？美國一項研究指出了三位投資者在一九七七年至一九九六年的投資方法：A每年在股市最低位買入；B每年定時買入；C每年在最高位入市。在一九九六年底，三位的資產總值分別為美元283,000、265,000及245,000。數據顯示「平均成本法」定期定額買入的回報不會是一個差勁的方法，相信是業餘投資者可以考慮的致富法門。

基礎分析是投資不可缺。不少人心存僥倖在一九九七年趁「低」入樓市，卻不知曉樓市的跌勢是在十月開始；在二〇〇〇年追逐科網股，卻不曉得科網股泡沫在三月結束。常言「人無遠慮，必有近憂」（《論語．衛靈公篇》15.12），換句話說，人若然有長遠的考慮計劃便可消除眼前的憂愁。長遠打算是投資及做人不應忽略的美事。

長遠計謀在乎時間的編排，時間正是投資的良伴。與其要憑知識耗精神貼近市場炒作，倒不如作一有耐性的長期投資，只著眼恰當的市場，不理會短期的投資波幅。

這是一種滾雪球的投資，將盈利滾存本金再投資，讓它愈滾愈大，這就是複息在投資產生的威力。

一個小童拯救了國王脱險，國王願意滿足他一個願望，小童只要求一元但要每天加倍，國王相信小小一元只是九牛一毛。到了第四十天，國王懇求小童放他一馬，經過第四十變的一變二、二變四後，國王欠小童五千多億。

複息的威力，在乎它幾何級數上升。

「大富由天，小富由儉。」要作小富自給自足相信是大部分人都可以做到；但要以個人的能力無論在時間及財富上作出利人利己的運用，確是費煞思量。以利沙確實樹立了一個典範。

寓意釋投資

複利效應，緊隨到底

上主用旋風接以利亞升天的時候到了。以利亞叫以利沙留下來，卻遭以利沙三次的堅定回答：「我指著永生的上主和你發誓，我絕不離開你。」到了約旦河，以利亞捲起外袍打水，水就分開，他們兩人行走到河的另一邊；以利亞問以利沙在他被接以前有甚麼要求；以利沙希望有師傅的雙倍能力，並成為繼承人。以利亞說：「若然你看見我被接去，你就會得著。」結果以利沙看見師傅被一陣旋風接上天，在悲傷中以利沙檢起師傅的外袍打水，水便分開了。

列王紀下2:1~14

以利沙期望得到加倍的能力並非出於貪念，這是以色列長子得雙份的權利，確認繼承的名分。他得著上主的垂顧，施行與師傅相若的神聖權能，把約旦河的水分開，顯明他已經繼承師傅的職事。他堅持留在以利亞身旁之舉確是明智的。

不少人在事業有成後願意為自己所愛的羣體例如母校做一點事。當年有一羣精英為中文大學新亞書院籌集及管理一個基金，並於每年抽調部分作為獎學金之用。起初基金的表現甚為理想，可惜每年取出的資金逐漸用掉所累積的利潤，在這樣的條件下減低了投資的資本，限制了投資的機會。最後卻在一次股災中資產值大減的情況下結束了基金的運作。

反觀另一個於耶魯大學銀禧聚會時籌集的基金，在過往二十五年的投資中從起初的七萬多美元滾存到九千萬美元的金禧禮物，為母校帶來相當的發展資助。這基金表現良好主要由於長線的投資眼光及複利效應，基金從沃爾瑪(Wal-mart)及聯邦快遞(Federal Express)招股上市就成為股東，兩間公司的出色表現帶給基金豐厚的回報。在方向正確下不離不棄的精神令基金有一個圓滿的結局。其次是在過往二十二十五年間只作出一次撥款，令基金經理更有效作出長線的投資，資金愈滾愈大，把複利效應發揮得淋漓盡致。

要讓複利發揮效應就要作具眼光的長線投資，投資一部分資金在優質及具潛力的股份或基金上達十多二十年，回報是可觀的。若然在七十年代購入匯控，十萬已變為二千多萬；購入長實，三萬已變為一千多萬。

還記得「七十二守則」嗎？(見本書〈步步高陞的投資〉一文)它是用來計算複利的投資方法，在年回報率達一成的情況下，資金要翻一翻需時7.2年，這就是威力驚人的複利效應。舉例：以十萬為本，一成年回報率，在7.2年後這十萬會變為二十萬；14.4年變為四十萬；如此類推。

複利的威力以盈利滾出更大的盈利，這是有耐性的投資者應得的回報。

能夠堅持跟隨到底並非一件易事。那值得參加的競賽你有否參加過；那應當跑完的路程你有否跑過；那應當持守的信仰你有否守住？保羅這番話道出過往三十多年跟隨耶穌基督作使徒不離不棄的步伐，保羅不單守住基督教的信仰，更遺留豐厚的產業作為基督教教義的指引，樹立「今日活著不再是我乃是基督在我裏面活著」的典範。

那個年代還有一個叫底馬的與保羅同工，可惜他貪愛世界離開基督。在今日這個可以由金錢激發人力爭上游的世代中，你會否成為現世的底馬？抑或做一個跟隨基督到底的保羅？

4 按揭理財

"No one plans to fail, but fails to plan."

Western saying

按揭理財

一身安居債，半世置業奴

你們當中有誰想蓋一座高樓，不先坐下計算花費，看看是否有足夠金錢繳付全部工程的費用？否則，恐怕建了地基，樓房卻無法完成，看見的人都笑他說：「這個人開工建造，卻不能完工！」

路加福音14:28~30

有很多人跟著耶穌，但耶穌卻轉過身來告訴他們，要先計算作祂門徒的代價，願意背起十字架的才去跟從祂。這並非一個盲目(naive)的獻身，而是要像一個蓋樓房的人，清楚估量所需的成本；所以一個跟從耶穌的人一定要了解耶穌對跟從者的期望。

不少香港人相信要「安居」就要「置業」，這是二十世紀下半葉的想法。在四十年代大戰結束後，樓宇的轉讓並非普通市民的「玩意」；那時的樓宇多是四、五層高，只有一份屋契，樓宇單位以整幢作買賣，還要一次過付清樓價，銀行貸款只可敍做抵押透支。五十年代建築商向高空發展，推出樓宇分層出售的方式，但這亦不符合一般人的購買能力，後來配合銀行提供的分期付款方法，置業漸漸成為不少人「安居」的做法。那時期望安居的借款人必須購買以銀行為受益人的人壽保險，後來樓價上升加上樓宇轉讓的普及，壽險的要求亦相應取消。

不少人對樓宇按揭是一知半解。或許你可嘗試解答以下問題便知所言非虛：究竟該買哪個樓價的物業、供樓支出應佔家庭收入多少、按揭年期、按揭供款期、應否提早清還等等問題，以上問題應該如何處理會較為恰當？

曾出現的個案是這樣的：借款人與財務公司敍做一份為期六年的按揭貸款，當時的年利率為18厘，業主只知按月供款，到了第六十九期後才突然發現當時的銀行按揭利率為7.75厘，財務公司從來沒有按市況調整利率。後來經消費者委員會的斡旋，總算取回合理的補償，可惜卻花費不少精力和時間。你會是這類型的供樓人士嗎？那麼你腦袋有否催促你快看看每月的供款單？

「買樓是為了自住抑或用作投資」是第一條要自己作答的問題。九七年前不少人只相信樓價只會向上升，只要能夠穿上玻璃鞋踏入「南瓜」的馬車，就能夠成為王子深愛的寵兒，渾然忘記仙女「十二時」的提醒。怎知樓宇泡沫一爆破，未及於「十二時」前離場者雖然不至於「身手異處」卻弄致身蒙灰塵成為市場的輸家，那時像哭喪的面孔不時在電視熒幕出現，第一任特首自始成為眾矢之的，「八萬五」政策更為不少人所唾罵。

買樓是你我重大的投資，不能草率了事。甚麼是草率？

第一是隨意相信別人；以為「蘇州過後」真的沒有艇家，事實上市場的供應何曾缺短？個人細心的分析相當重要。

第二是妄顧鉅大的投資金額；樓宇的價值往往超越個人的身家，靠銀行所做的按揭就是「孖展」借貸。孖展炒賣股票有極大的風險，以藍籌股為例多可按作五至六成；但現時的樓宇按揭可敍做七成，新樓甚而高達九成。按揭比率愈高，風險自然愈大。將一生的家財單單投資在一種產品上，這行為會是理智嗎？

第三是忽略樓宇套現能力是較弱的投資產品；踫上交頭不活躍的日子，「吉吉」的樓房無人問津的滋味真是百般苦澀在心頭。

第四是樓宇的價值會向上亦會向下；隨著樓齡增加，損耗日增，要令樓宇增值確非易事。這正與公司經營有道創造財富(即是股票投資)有天壤之別。

買樓自住安居樂業的著眼點並非金錢，因為你我買樓自住並非要賣個好價錢。若是樓宇升值，賺了「心理錢」未嘗不是好事，但「家」的投資難道不比這「賺錢」更重要、更須煞費思量嗎？

買樓是擺上身家的行為，一般外國人有個人物業後多不會考慮作出多一間的投資。今日你有否算清所須付的代價才作出投資？耶穌告訴你跟隨祂的人不要單單期待世間的「福氣」，因為你要付出龐大的成本——就是全然的獻上。

「你們無論誰，除非放棄所有的一切，不能作我的門徒。」(路加福音14：33)

按揭理財

告別「巴別塔」，戒除「炒賣癮」

起初天下的人只有一種語言。他們在東方一帶流浪的時候來到巴比倫平原，在那裏定居。他們彼此商量：「來吧！我們來做磚頭，把磚頭燒硬。」於是他們用磚頭來建造，又用柏油砌磚。他們說：「來吧！我們來建造一座城，城裏要有塔，高入雲霄，好來顯揚我們自己的名，免得我們被分散到世界各地。」

創世記11:1~4

這是洪水過後的日子，天下的人都是出自挪亞，操同一種語言，於是可以共享同一種意念，為同一目標聚首一堂。由於位處平原，他們找不著石頭，於是製造磚頭，以瀝青為砂漿砌合。他們建造城市來居住，又造塔來建立地標，讓遠方的人能夠看見；而建塔的目的是要聚集一起揚名立萬，不是為了事奉上主，乃是為人本身的榮耀。

二〇〇四年落成為世界最高的大樓是台北101（Taipei 101），樓高五〇八米，計算以整幢建築的樓身高度撇除天線作準。其次是位於吉隆坡八十八層四五二米高的雙子塔（Petronas Tower Ⅰ&Ⅱ），雙子塔是九十年代計劃，一九九八年完成，經歷了亞洲金融風暴。四四二米高的芝加哥西爾斯大廈(Sears Tower)則於一九七四年落成(計算天線在內則樓高五二七米)，以及於七十年代初落成四一七米高的紐約世貿中心(World Trade Centre, 九一一慘劇時倒塌的大樓)，亦經歷了一九七三年美股的大跌。中國計劃於二○○七年在上海完成興建四九二米高的環球金融中心(Shanghai World Financial Centre)；還有阿拉伯計劃於二○○八年完成的杜拜Burj Dubai Tower，樓高超越七百米。當世界大樓建成前，當地經濟總是經歷風波。

經濟發展樓市暢旺，初期人人皆小心翼翼，綺媚風光無限美好令不少人忘記風險，當泡沫爆破經濟見頂回落，另一個經濟循環又潛伏作動。

香港物業主要有三方面用途：居住、投資、炒賣。港英政府在八四年中英聯合聲明每年賣地五十頃，以高地價政策支持港府的運作，至九七年亞洲金融風暴，加上八萬五政策的打擊，樓價開始下瀉調整。九八年六月開始限制土地供應，經過六年的低谷徘徊，樓價從二○○三年拾級回升。二○○五年五月的樓價更是嚇人，在佐敦道碼頭舊址興建的凱旋門，頂層據説以超高價三萬一千元一呎成交，這會否是購入一籃子的單位將呎價沖淡；即是説其他單位以低於市價成交，故此一籃子單位的呎價可能只是二萬多。

二○○五年物業價格上調，但市民實質收入沒有顯著提升。物業賣價叫好並非由於需求上揚，而是市場的促銷技巧所致。由於樓市無復九七年前的盛況，發展商遂以超高的佣金(從1%提升至2.75%)誘發物業經紀的積極進取，甚而經紀本身成為入市的投資／炒賣者，對發展商和經紀來説可算是雙贏局面，而承接的買家則可能成為輸家。

數萬元的工資究竟應該擬訂多少的樓價才算是合理的購入價？自從九〇年代樓價超乎常理的升幅後，一般銀行將購買力訂為月薪的六十倍，銀行亦順應將按揭年期推延至二十五年。九七年上半年不少打工仔把家庭總收入75%用作供樓，當樓價回落加上利率大幅向下調整，供樓支出只佔家庭總收入30%左右，這亦是不少外國銀行評估新業主還款能力的標準。香港情況較為特別，銀行將評估界線定為家庭總收入的五成甚至是六成；結果是不少香港人為地產商、銀行家打工，而且是一份長工。

沒有人可以當上神，政府的扮演亦注定失敗。難道社會需要一班炒賣樓宇的大戶來刺激經濟？難道政府可以在樓價上充當指導身分？一招刺激樓市可以收短期亢奮的效果，卻為經濟帶來沉重的打擊，九七年後的六年發展正是明證。

上主為了制止人類為所欲為的心態，於是變亂他們的語言，令他們在無法溝通的情況下便停止建造高入雲層的「巴別塔」。

健康的社會不需要炒賣樓宇的人，教會更不需要那些短線「投身」的基督徒。與其多年吸食「泡沫經濟」的鴉片作一個禮拜天的信徒，倒不如立定心志戒除毒癮飽嚐常常讀經不住禱告的「苦膽」，這樣的熬煉正是戒毒退癮的現象，是健康的安排。

關於最高建築物，見Wikipedia。

按揭理財

拾起才幹，勿失平衡（Ⅰ）

有一個人要出外旅行，他叫僕人來，把產業交給他們。他按照各人的才幹，一個給五千塊金幣，一個給兩千，一個給一千，然後動身走了。那領五千塊金幣的，立刻去做生意，結果另外賺了五千……。過了許久，主人回來了，並跟他們結帳。那領五千塊金幣的進來，帶來了另外的五千說：「主人，你給我五千塊金幣，你看，我另外賺了五千。」主人說：「很好，你這又好又可靠的僕人！你在小數目上可靠，我要委託你經管大數目。進來分享你主人的喜樂吧！」

馬太福音25:14~30

五千塊金幣是猶太錢幣制度的五個他連得（talents），一個他連得約值六千個得拿利（denarii），一個得拿利相等於農民一日工資，以一個人一年工作三百日計算，一個他連得等於二十年的工資。那麼，五千塊金幣等於一百年的工資，故此這錢幣單位若配以現代用語，就是以「百萬」計算。Talent——「天資才幹」的英文用語就是源出於此。據《牛津英語辭典》記載，此字首次應用於十五世紀，這字的應用對現代解說這比喻產生重要的作用。

「他連得」不單指金錢、才幹，它的象徵意義（symbolic meaning）更為廣泛；這是上天的賞賜，來自創造天地萬物的主宰，除了天賦才華如音樂藝術以外，還有屬靈的恩賜如講道教導勸勉憐憫（見羅馬書12:6-8）。總而言之，所有託付的恩賜是為服事天地的主宰。

那個領五千的立刻去做生意，賺取了另外的五千，這比喻說明竭盡所能的努力去運用個人恩賜的重要。

做生意雖然不是每一個人所嚮往，但置業安居相信是不少人的希冀盼望。要在這筆生意買賣上賺取利潤並非要加入炒樓的行列，而是要在利息上懂得調控。難道你認為社會需要一羣炒樓致富的暴發戶去振興經濟嗎？難道香港投資者還未清楚物業價格不可能無止境上升？香港需要的並非政府的九招十式來刺激樓市，而是要製造合適的環境讓香港各方面專才發揮所長，或是金融物流，或是營商建設。那麼，置業安居如前文提及並不在乎買賣上的「賺」，而是在乎「家」的建立，要置業首先衡量個人的財務承擔能力，並作出恰當的按揭安排。或可在這裏先嘗試回答一個問題：按揭年期是否愈長愈好？

八十年代的樓宇貸款以二十至二十五年分期為極限，以新建樓宇為主，二手樓宇的分期隨著樓齡的多少相應遞減，即是五年樓齡物業最長有二十年分期的優惠。隨著樓價的高漲加上利潤的吸引，銀行樂意支持更多香港人置業，於是普遍採納二十五年的分期，並願意為二手物業提供較以往更長的年期。根據消費者委員會在八十年代提供的意見，勸勉消費者不應輕率接受最長的還款期限，理由有三：

第一是失去主權；若然利率上調，在年期不可減少的情況下要調高供款金額，這直接加重供款負擔。

第二是失卻預算；由於利率在漫長的供款期中難以預計，一旦上升會令支出超出預算。

第三是驚人的利息；貸款期愈長，負擔的利息便愈大。以港幣一百萬貸款，年息五厘計算：五年期的利息總支出為十三萬多；十年期為二十七萬多；十五年期為四十二萬多；二十年期為五十八萬多；二十五年期為七十萬多。以十年每期供$10,606.60與二十年$6,599.60相比，在相差十年的情況下，總支出的差別則為$311,112。故此消委會建議「在能力範圍內，還是以年期愈短愈化算」。

這是較理想的做法嗎？是這筆生意買賣上恰當的建議？事實上，這只是強調利率上調及利息支出的一面，卻是忽略了另一些重要的元素。

見消費者委員會出版之《置業安居》，這是輯錄134-145期〈選擇〉月刊的專題文章，後於1989年結集出版，資料仍具參考價值。

按揭理財

拾起才幹，勿失平衡(II)

香港人對於房地產泡沫既熟悉又惶恐。

從八九年六月說起：樓價自天安門事件後向下微調，惶恐是主要的原因，是市場突發的形勢；由於移民的實際數字不大，沒有對供求造成過大的影響。往後的數年至九七，是樓價節節上升的日子，政府的政策無礙大市的走勢，除了九四年樓價下調一成外。九七年七月樓價下滑，對於「八萬五」等針對樓市飆升的施政，政府初期喜上眉梢。怎知樓市一蹶不振、一瀉不起，九九年政府公開呼籲市民買樓，只連累更多人捲入「負資產」的漩渦。政府暫停賣居屋賣地，甚而公開聲明「八萬五」政策由於不再提及已經不復存在；這一切招數均未能收效……。樓市到〇三年止跌回升，部分原因是政府的「孫十招」，更利好的因素是國內的自由行及美國的減息。前者令更多資金「自由」行入樓市；而港幣聯繫匯率與美元掛勾迫令港息不斷向下調，更從二十世紀末敍做樓按利率由P加到二十一世紀初的P減，造就另一番的景象。

以上的回憶可能你也耳熟能詳；事實上這絕不是健康的狀況，因為市場含有泡沫這不正常的成分。泡沫就是剛剛提及的回憶，是升完可以再升，完全令你驚訝萬分無從測度的升勢；然後是跌完可以再跌，完全令你哭笑無淚無從摸底的跌勢。故此泡沫可粗略看作三個階段：第一是投資者買入具投資價值的物業；第二是更多人對前景樂觀加入買樓行列；第三是泡沫的末期亦是買樓者期望樓市步步上升以更高的價錢賣出。

你願意看見這類的經濟繁榮嗎？你會加入追逐泡沫嗎？

第一個僕人拿了主人所交託的金錢，運用個人的才幹，立刻去做生意，原文動詞的含意涉及生意貿易，並非單一的「醒目」投資(彷彿第三個僕人的做法)。這裏的「做生意」包含希臘文七十士譯本箴言31:18形容才德婦人工作的內涵意義：「所經營的有利；她的燈終夜不滅。」我們不知道這些生意的類別或是往來的次數，但肯定是很長的時間，是長線的委身。

樓市上升下調涉及複雜的元素，是政治、經濟、出生率、個人態度等等。美國經濟自二〇〇〇年向下走，美國樓價卻向上揚，自〇四年六月加息，樓價走過一年的日子仍然上揚。不少人擔心美國房地產的泡沫是否太大而近乎爆破，近期一些物業買方開出利好賣方的條件，就是「As it is」不用修繕整理；因為美國買房子的人多是非常認真甚而挑剔。

泡沫爆破，房子跌價，這是不少香港人走過的日子，難道你不怕跌入負資產的困局嗎？事實是我不炒賣房地產，泡沫即使爆破，又與我何干！

人以自己的才華來追逐泡沫，爆破後人頓感「空虛混沌」，這不是造你的主宰所樂於看見。人被造成為有生命氣息的活物，加上被賜予「上主的形像」，不單有美麗的外形，更有才幹的內涵。可惜人逐漸將個人的整體分拆，認為上天賦予的才幹可以任由己用，只要保留「星期天的才幹」來事奉上帝便可以；這彷似奉上十分一的錢財後便可以心安理得盡情使用剩餘的十分九，渾然忘卻自己身上沒有一樣東西不是上主所賜予的，以致今天可以度過何等豐富的生活。

你與我被造是一個整體，不是市場可以分拆的公司。你像上主！這說明了甚麼？略述三點：

第一：你有尊貴的地位，不要貶抑個人的尊貴去爭取財富。古文《菜根譚》云：「立業不思種德，如眼前花」。人不重道德不立正氣，事業只是曇花一現。

第二：你被賦予權柄管理萬物，是管理而非傷害糟蹋；要小心管理，因為所託付的一切上主會親自收回。

第三：你可以與上主相交。人與上主相似「有憐憫有恩典，不輕易發怒，並有豐盛的慈愛和誠實」。正是人明白上主的本相，以致竭力長進學像這位天上的主宰，擁有理性及道德意識的形像去活出豐盛慈愛的樣式。

你是上主恩愛厚賜才幹的僕人，那麼，不要單單以「星期天的才幹」來事奉你的主人。

按揭理財

拾起才幹，勿失平衡(III)

樓市泡沫是二十一世紀買樓人士要考慮的因素，亦是對「按揭年期愈短愈化算」這建議的反思。

不少香港人知曉「量力而為」的道理，卻未曉得在個人理財的生活中「量入為出」。雖然「不舉債」的觀念是中國人的傳統思想，儘快還清債務亦是理所當然的責任；但更要緊的是要反思舉債的用途、歸還的息率等因素。不少人認為敍做樓宇按揭年期愈短愈好，因為愈快得到解脱；年期愈長則會成為長命債，是不智不負責任的行為。嘗試以一個例子説明按揭年期愈長也是另一類智慧的表現。

葉安居九七年前以新樓敍做十年樓宇按揭，月供三萬多元；經過「八萬五」的洗禮，樓價跌了超過三分一，幸好當初已經付清三成的首期。但每月沉重的供款已經令收入所餘無幾，加上近幾年經濟不景下的凍薪熱潮，迫使他夫婦「追隨」家計會實行節育計劃。事實上，他們卻希望在未來三年趁自己還年輕時能夠「三年抱兩」，無奈地要對政府「生三個」的呼籲置於一旁。

對於葉安居的苦況可以有另類的改變，就是將物業轉按另一銀行，改變兩項事實：一是爭取P減2或更低的利率，一是爭取二十至二十五年的供款；這樣的轉按在現時的經濟環境下沒有多大的問題。在供款約一萬多的情況下陳大明可以有餘款作另類的家庭計劃，亦可以有另類的儲蓄投資為將來作出保障。

按揭年期愈長，每月供款愈少，可以作出更長線的儲蓄投資。

另一個支持較長按揭年期的因素是利率。因為樓宇按揭利率在銀行眾多貸款業務中是最低，亦是個人借款額最高的項目。能夠減少每月的供款，將剩餘的作出具回報的儲蓄投資會是穩當的做法，因為「愈年輕儲蓄少少」所得的回報遠勝過「愈年長才開始儲蓄多多」。茲舉例説明：

叙做物業貸款二百萬，年息4%（二〇〇五年年中P減2算），一個三十歲的專業人士以新樓可得長達三十年的樓宇按揭，月供$9,548；若年期二十年月供$12,120。相差$2,572用作每月的儲蓄投資，以三十年每年回報10%算，三十年後得五百八十多萬。若選擇二十年的供款，即是$12,120投資十年每年回報10%，同樣於三十年後得二百四十多萬。得益多少立分高下。

第三個因素是個人彈性的處理。樓按其中一個特點就是銀行較為歡迎縮短多於延長還款年期。雖然沒有人知道下一刻發生的事情，但「居安思危」總是中國人智慧的提醒。

善於信貸分析的人總喜歡運用豐富的想像力，強迫自己往後想以確定貸款的借出與否，認真作出scenario planning（處境想像）：假設某些事情發生對個人應採取的處理方法。這亦是《紐約時報》最暢銷書榜十九個星期、售出逾百萬本的《九一一調查報告》其中一項的建議：恐怖襲擊美國，怎可能？如何做？以飛機撞向美國摩天大廈？怎會有那麼多恐怖分子曉得駕駛飛機？除非他們集體報讀駕駛課程？這不正是美國特工早將此事報告總部，只是總部有眼卻看不見眼前的線索！

僕人清晰看見主人回來的圖畫，這樣的處境想像令人儆醒起來，竭力作出有回報的生意買賣。

人的才幹是上天賜予，以才幹作世上的工是恰當的表現；卻要小心平衡，免致流於只顧世界、忘記天國的行為；亦要小心平衡另一方面免致流於只顧教會、忘記託付的表現。上主託付給你不單有教會，也有父母、妻子、兒女。你斷不可把奉養父母的東西當「各耳板」作為獻給上主的供物；你卻要「孝敬父母」(馬可福音7:9-13)。你斷不可冷落妻子，娶了過門後停止拍拖聚會，要妻子坐「冷板凳」；卻要「愛護妻子」(以弗所書5:21-33)。你斷不可激怒兒女，要用主的教導來養育栽培他們，不要使兒女成為「負資產」；卻要知道兒女是上主所賜的「產業福份」(詩篇127:3；以弗所書6:4)。

你喜歡scenario planning嗎？這還不足夠，謹記坐言起行。

The 9/11 Commission Report: Final Report of the National Commission on Terrorist Attacks upon the United States, July 2004; see especially chapter 11 'Foresight-and Hindsight'.

按揭理財

不辱使命（I）

主人出外遠行，把產業交給僕人，按照他們各人的才幹，一個給了五千塊金幣，一個給了兩千，一個給了一千，然後動身走了。可是那領一千塊金幣的，出去在地上挖了一個洞，把主人的錢埋起來。過了許久，那幾個僕人的主人回來跟他們結帳。那領一千的僕人也進來，說：「主人，我知道你是個嚴厲的人；沒有栽種的地方，你要收割，沒有撒種的地方，你也要收聚。我害怕，我把你的錢埋在地下。請看，你的錢就在這裏。」他的主人說：「你這又壞又懶的僕人！既然你知道我在沒有栽種的地方也要收割，沒有撒種的地方也要收聚，你就該把我的錢存入銀行，等我回來的時候，可以連本帶利一起收回。」

馬太福音25:14~30

前文提及按揭年期愈長愈好的三點理據，提醒個人要作出「處境想像」，更要深知銀行不會跟你「談情」，只會與你「說利」。按揭年期長的另一個好處是可以有提前清還的方便，短期貸款卻沒有延長的優惠。這是理財的一個良好概念，就是預留空間，保持彈性。

要作恰當的按揭安排，我們嘗試回應一個問題：按揭年期愈長愈好的想法是否適合所有人士？

「一成不變」不會是理財的良好概念，由於各人的性情、需要各有分別，對於一些不適合或不願意承擔風險的人來說，在不進行其他投資的方法下，與其將資金存放銀行收取微薄的利息，倒不如將存款清還貸款，縮短按揭年期。

增加利息收入的另一面是減少利息支出。在銀行敍做零存整付得到一厘多的利息，樓宇貸款卻要支付利息四厘多；這筆帳不用別人替你算吧！每月累積存款帶來的並非豐厚的利息收入卻是「不智」的支出，存款愈多，愈顯得個人的笨拙。

「我不相信這個就是我自己。我更不相信我就是那第三個僕人，只懂得將財富埋在地裏卻不懂得妥善運用。」

第三個僕人心裏想著要避免承受風險，要得到最穩妥的安排，於是把主人交託的產業埋在安全的地方。在當時新約聖經的世界（主後一世紀）把錢財埋在地下不是不正常的做法，耶穌亦提過財寶埋藏在田裏的比喻；當羅馬人在主後七十年佔領耶路撒冷時，亦發現不少金銀財寶埋在地裏。

第三個僕人提及主人栽種撒種、收割收聚的嚴厲性情，表明主人對於所託付給僕人的產業才幹是有所期望的。「恐懼」令這位僕人卻步向前：恐懼失敗、恐懼失掉所託付的產業；結果是毫無收成。他更被主人斥責為「壞」，因為沒有妥善地完成管家的職分，「懶」更是這斥責的明證，以致最後他被稱為「無用的僕人」。

憂心恐懼確實令不少人眼光短窄，這並非耶穌宣講天國比喻要帶給人的結果，耶穌的應許是要邀請跟隨者進入國度的喜樂歡欣。不要過度憂心個人的物質生活，如何鞏固個人的財富；卻要關注自己如何為主耶穌基督作出美好的見證及捨己的生命，因為深知道上帝藉著基督耶穌所賜給你的，是超越你所能理解、出乎你意料之外的恩典、平安，這不但保守你的心懷意念，也進一步表明你可能因為事奉主所犯的過錯是遠遠地被這份恩情所跨越的。

起來事奉你的主你的上帝，不要單單看顧「你」的產業，更要看顧上帝所託付給你的產業。

按揭理財

不辱使命(II)

第三個僕人將主人交付的產業埋於地裏，總比將金幣包在手帕頸巾裏安全(以手帕頸巾包裹金錢是一些古人的做法，卻並非手巾恰當的用途)。僕人抱著理直氣壯的心態，卻又同時懷著恐懼的心回覆主人，指出主人嚴厲之處在於沒有栽種的卻要收割、沒有撒種的卻要收聚、沒有存放的卻要提取；前兩者是農作業的比喻，後者是銀行業的比喻，同樣指出主人尋索高回報的投資。僕人表明兩方面驚恐的可能：一是怕個人辛勞工作後須將所有回報歸還主人；一是怕投資上虧蝕了本金須由個人填補。這些較仔細的資料屬於比喻的處境，當然不可過分「寓意化」。

僕人對主人的指控正成為個人受責罵的理據基礎，若然主人並非他所指控的情況般嚴重，豈非要「罪加一等」！

如主人是要在沒有存放的地方提取，僕人何不進前一步將錢財存於銀行，同時起著保安及收息之用，同樣是不用作甚麼工的，更何況所收取的利息不會過分微薄，相信會高於現今銀行的定規，但當然仍會與其他僕人的投資回報有一段距離。

有一則保管財物的故事：一位猶太富翁以等值約五十萬的財物作抵押貸款一美元，銀行家弄不清楚箇中奧妙，詢問為何不借款二十萬甚而是三十萬。猶太人説他曾查詢數家金庫的保管箱租金，發覺這家銀行的租金最為便宜，一年才花上六美分。銀行是借貸的地方，亦是存放的好地方。

對於不少香港人來説，提前清還按揭是中國思想的理想之道，儘快清還債務是恰當的責任。樓宇按揭會是例外嗎？當你拿取百多萬的退休金後，會選擇悉數「贖樓」抑或作出另類長線的投資？

還記得前文提及按揭年期愈長愈好的理據嗎？按揭利率比其他私人借貸的利率為低，由於按揭是長期貸款，意味一筆可觀的退休金可以作一些長線投資，其回報高於按揭利率的選擇在現今香港多樣化的投資環境中是可以動腦筋找得著。

以資金作出投資不作提前還款另一個原因是要為將來的退休生活作出妥善的安排。難道你可以憑藉贖樓後餘下的數十萬度過餘生？數十萬能夠供養你多久？早一些為個人的晚年作出財務安排是明智的做法。

若然你不善於投資也不願冒險，只將退休金存放銀行收取微薄利息；那麼當你有能力時便應先償還貸款，這才不是笨拙的安排。

第三個僕人要衝破內裏的憂心恐懼，才能為主人盡心作工。今日要為上主做事的人不少是學富五車，才華超逸，學歷才幹均與時代並進。若能超越教會文化的框架，必能為主多賺取五千塊金幣。

以學術界為例，拿到博士學位的人才為數不少。過往不少人藉「博士後」的研究上位，若能攀上名師更是對研究事業有所裨益；但為學之道是靠本身的「悟力」，老師可以在知識上加以指引，卻未必能在智慧上啟發悟性。

現今的「博士後」不再一廂情願要當大學教授，要對所研究的學科作出貢獻並不規囿於大學校園；要實踐「條條大路通羅馬」的理念就需要有靈活的頭腦、有幹勁的魄力，但這還不足夠。一些「博士後」的朋友返回祖國建立研究的工作卻遭同僚的白眼，被人誹議回國「搶飯碗」，被人排擠，人格更被踐踏。但是怨毒的眼光會令他們退卻嗎？

要為上主作良善忠心的僕人就要放眼上主的國度，不因個人的憂心而卻步不前；不因個人的學識而自驕自滿；不因個人的困境而不進不退；不因個人的才幹未被欣賞而鬱鬱不歡；更不因內在家庭外在教會的壓力而放棄事奉那位賞賜萬物予你的上主。

不少人看事情只看事情的實際狀況，並且歇斯底里的追問「為何」，就彷彿第三個僕人一般的想法，看不到上主委託的使命及上主的用心與保守；忘卻你我成為上主的僕人可以發異夢並竭力去尋索「為何不可以」的事實。二〇〇五年初，兩間世界聞名的拍賣行（佳士得Christie's及蘇富比Sotheby's）同意以「包剪揼」的形式決定一宗過億港元（英鎊一千五十萬）的拍賣權，結果蘇富比出「包」，佳士得出「剪」。但為何要用這兒戲的方法……

為何我只分配一千塊金幣？為何我的主人是那麼嚴厲？

見BBC Magazine, http://news.bbc.co.uk/。Christie's 董事請教兩位11歲的女兒，Flora & Alice，認為「揼」帶出最強的一面，所以估計對方會出「揼」而自己出「包」；Christie's 遂一「剪」定江山。

按揭理財

不辱使命(III)

那領五千塊金幣的，立刻去做生意；那領一千的卻將主人的錢埋在地裏，心裏想著主人的嚴厲。

英國作家托爾金的史詩奇幻小說《魔戒》(J.R.R. Tolkien: *The Lord of the Rings*)中的主角佛羅多(Frodo Baggins)在完成毀滅魔戒的使命後發出一聲心底話：「不辱使命」。

做人處事不在乎成功失敗的結局，而是在乎面對結局的表現。人生不如意事十常八九：會考高考失敗並不表示在知識學習上要劃上句號，這可能是音樂上的「休止符」；考試的成功更不表示個人的學識精進，這可能是需要「更上一層樓」的記號。

中國儒家思想提醒人不應在成功榮耀之時洋洋得意，反要處處謹慎；更不應在失敗受辱之時沮喪失意，反要處處樂觀。正如《菜根譚》云：「榮寵旁邊辱等待，不必揚揚；困窮背後福跟隨，何須戚戚」。

要實踐從上主所領受的使命，不單要勝不驕敗不餒，更要有廣闊的心胸、堅毅的信心、頑強的鬥志。要永不言棄地完成使命，因為你決不想羞辱主的聖名。

房屋是物質的需要，能夠負擔的不妨買下「心頭好」，勉為其難的無需背上包袱。房屋在香港成為投資項目相信是在一九八四年中英簽署聯合聲明後的日子，那時為港府訂下在八四年至九七年七月每年賣地五十公頃的限制，令樓價進入上漲期，即或遭遇八七股災、八九六四、九四加息等均只能略為調整樓價不足10%。但香港樓市並非只有上漲的日子，九七後下跌比上升的日子為多；在二十一世紀進入香港房地產的投資則要步步為營。

還記得何鴻燊先生在二〇〇五年六月自首，承認自己講足七年大話來唱好樓市，並將不誠實的過失全歸於「八萬五」政策（董建華先生更被揶揄一番）。地產商的言論相信不是置業人士所信賴的依歸，而何先生這趟自首亦否定了將來地產商對樓市的吹噓。

九七年至〇三年香港樓市一落千丈，〇五年亦較九七年跌四成多。但宏觀全球樓市，九七年以後各地房地產價格均向上揚，根據《經濟學人》的資料，〇三年至〇四年樓價的平均增幅為：美國13%、英國13.8%、西班牙17.2%、法國14.7%、新西蘭16.4%。數據顯示全球樓市正在暢旺的階段，相信這是全球化現象的副產品，隨著市場的開放及國際化，各地的高收入人士均選擇投資海外的樓市。

今日的美國影響著世界各國的經濟政策包括利率的釐訂，美國聯儲局在二〇〇〇年以減息來減低股市急挫和科網泡沫爆破所帶來的損害。歐洲央行遂相應跟隨，這令全球的借貸成本下降，支持樓市升值，個人消費意欲上升，令投資者在股市中的損失得以補償。房地產價格上揚，刺激各國的內部需求，令消費開支有增無減，這樣的政策推動全球經濟的發展，得到相當的成效。

夕陽餘暉不可能長期持續，美國經濟前景令人未許樂觀：預算和貿易的姊妹赤字居高不下、寬鬆信貸令樓市危機漸露、個人儲蓄率偏低、企於三厘水平的短期利率難以再低、減稅的存在空間極為狹窄……美國樓市倘若下滑，消費隨即減少，海外國家投資美國資產相應放緩，美元利率拾級而上，美國以外的房地產將難逃打擊。

小心你的房地產投資意欲。

第三個僕人苦於被世俗寵辱所約束，一心希望以「原銀奉還」來博取主人的認同，為怕投資損失有辱主人禍及自己。老子教導人「寵辱若驚」，得到寵幸心感不安，失掉寵幸便覺驚慌失措；受辱固然挫傷自尊，期望得寵亦有損人格的完整。第三個僕人正陷於這「寵辱」的網羅。

人過分重視身外的寵辱毀譽，甚而超越自己的生命；正如人重視房屋的投資，甚而超越建立幸福的家庭；這值得嗎？

下次當你要轉換物業作出房屋的投資時，不妨向上主多說一句：不辱使命。

按揭理財

投資「未盡心」（I）

聖經路加福音19:11-27記載了另一個關於主人分配錢財給僕人管理的比喻，這比喻與前些文章提及在馬太福音記載分配「他連得」的比喻相似卻不盡相同。

一個貴胄要到遠方去被冊封為王，在動身前召喚十個僕人，每人分配一個金幣（這裏指「彌拿」），吩咐說：「我不在的時候，你們拿這錢去做生意，看看能賺多少。」貴胄回來要知道他們的情況，頭一個賺了十個金幣，被主人稱讚為良善忠心的僕人，被委派管理十座城。第二個賺了五個金幣，沒有被主人稱讚，只被分派管理五座城。

這裏提及的貨幣單位是「彌拿」（mina），有些英文聖經（多以英國英語）譯作「鎊」（pound），這是英國的貨幣，但對於不少人來說pound只是一個重量單位；這樣翻譯無助現代人的理解。一個彌拿值一百個得拿利（denarii），一個得拿利就是一個普通勞工一日的工資。那麼，十個彌拿約值一千日的人工，即是三年四個月；而每個僕人所分配的一個彌拿即是約三個月的薪酬。彌拿與他連得有很大的差別，只是他連得的六十分之一。（古代以金屬為貨幣，幣值與金屬重量相關，故彌拿、他連得亦是重量的單位。）

值得一提的是這裏的主人是以命令的語句吩咐僕人要

以所分配的「做生意、作貿易」，直到主人回來。

僕人在主人回來後交帳，頭兩個僕人不負所託，第一個賺取十倍回報，第二個五倍。惟有第一個得到主人盛讚為「良善的僕人並在小事上忠心」，完成主的託付被賞賜十座城的管理權；而第二個沒有被稱讚並只得五座城的賞賜。回報愈大，賞賜愈大。

樓宇按揭中有一種在供款時間上有別的方式，就是每兩星期供款一次而不是傳統的每月一次；銀行宣稱這是「回報大」的供款方式，因為節省不少利息。

兩週供款一次，一年供款並非二十四次而是約二十六次，由於每年供款金額增多，還款年期相應遞減，利息支出自會減少。所以，銀行在不同的供款金額及還款年期的基礎上作出利息支出的比較實是不恰當的做法，有誤導之嫌。

第二個僕人作出生意的投資，卻未能賺取較大的回報，以致得不到主人的讚賞。恐怕是「未盡心」的表現，即是說以他的才華可以賺取更多回報，卻由於未盡心不願全然獻上，以致落入如斯地步。

「人力」是重要的資源，是社會、教會所必需的。人踏進社會找工作，找著了成為該公司的一分子；彷彿是整體機器的零件，幫助機器的運作。若然能夠安頓下來，在求穩定的情況下冀望加薪升職；若不幸被解僱，便竭力找相類似的職位，把自己放進這「框架」。

人踏進教會事奉，有相類似的「框架」。二十一世紀的世界瞬息萬變，資訊科技帶來嶄新的事物如DVD、MP3，生物科研更超越人所能想像的事情如基因工程。世界的發展提醒人若未能「盡心」表現，難以取得更大的回報。基督徒若「未盡心」事主，難以取得完滿的結果。

神學院沒有「教會／福音機構領導人」這一科，正如大學亦沒有訓練國家領導人這科，他們修讀的是工程、地質等學科，卻要帶領國家面向全世界。「盡心」是領導人不可缺的重要元素。

要達至「盡心」，需要具備「思考能力」(這是通識教育所強調的學科之一)。這是去蕪存菁，將雜亂的野草除掉，保存精華及神采，進一步發展茂盛。為上主工作要這份「盡心」的思考。

銀行推出的兩週供款按揭驟眼看來是減低利息支出，實則是改變了供款的年期及金額。少一點「思考」會墮入銀行的安排操控，失掉作主的權柄；更何況這樣的供款方式真的可以減少抑或實則是加大利息的支出？

投資「未盡心」(II)

第二個僕人賺取五倍的回報，雖然得到五座城的管理權，卻得不著主人的稱讚。事實上，他只得到第一個僕人一半的盈利率，難道賞賜與回報在上帝的國度中是一個正比？

前文提及馬太福音的比喻，是按才幹受託付的比喻指出第一及第二個僕人的才幹雖然有別，但忠心程度卻是一樣。然而路加福音的則不同，當中託付十個僕人十個金幣的比喻卻假定僕人的才幹是相等，但忠心程度則有別，以致帶來不同的回報和賞賜。

忠心涵蘊盡心的表現，回報自是更上一層樓。

要達至盡心，除要具備思考能力這不可輕看的質素外，亦要具備知識、技藝及經驗。知識要廣博，正是現今教育界中所說的通識。技藝要精湛，正是悠長歲月下訓練的成果。經驗要結合，正是終身累積延綿相連的學習。

在「兩週一供」的樓按思考中，以貸款一百萬，年利率5%，年期定為二十年(需要歸還522期，即一年供款26.09次×20年)為例，利息總支出為$582,860。而傳統月供為240期時的利息總支出為＄583,894，較兩週供款多$1,034；省下的相信不足夠繳付一期的差餉及地租。

值得一提的是利率的計算。一年供款一次，實質年利率是5%。一年供款十二次，實質年利率並非5%，而是經過數學的運算得到5.1162%，繁複的微積分運算在此不贅。概念的重點是在計算期少於一年的情況下，實質利率會略高於表面的利率，計算期愈短，實質利率便愈高。故此，一年供款二十六次的實質年利率是5.122%，較每月供款的利率為高；雖然差額不大，卻對銀行的利息收入有所幫助。在資金較早歸還的情況下，兩週一供為銀行帶來較有利的局面。

事實上，實質利率的概念在儲蓄存款可見一斑，在本金及利率不變的情況下，銀行半年計算利息一次給存戶是高於一年計算一次的利息。換句話說，同是年率5%，十四日計算一次的一年總利息會較一年計息一次為高；在儲蓄層面，這對存戶有利，在貸款層面，這對銀行有利。

金錢的回報需要知識、技藝和經驗的配合。一個國家若能建立以鼓勵國民運用這三者來創立財富的經濟制度，這肯定是國民的福氣。根據美國一銀行所發表的年報顯示，教育和訓練是決定個人經濟收入多寡的關鍵要素。專門知識的教育為大學畢業生帶來豐厚的收入，但不同學系畢業生的起薪點卻有重大差別。二〇〇四年美國藥劑系學士畢業生的年薪起點是七萬多美元，心理學系則為二萬多美元，差別約為2.8倍。當中的道理是由於訓練一名藥劑師成為心理學者所需的時間遠較訓練心理學者成為藥劑師所需的時間為少。

除了專門知識外，技藝的訓練亦可以帶來豐厚的收入，航空交通控制員的平均年薪約九萬多美元，遠較車衣工人、大廈管理員不足二萬美元的數目為多，這主要是由於前者經過嚴格的訓練所致。

那些不願投資同等時間和努力學習專門知識及技藝的人，經濟回報率明顯較低。這是市場經濟下無形之手的推動，驅使人學習切合社會需要的知識及技藝，這是自由經濟的國家可以提供的藍圖。同樣道理應用在教會的層面會出現怎樣的局面？

對於第二個僕人來説，不願作出像第一個僕人般的盡心所帶來是減半的賞賜及失落的讚賞。

按揭理財

投資「未盡心」(III)

除了在思考能力及知識技藝經驗等元素上訓練以達盡心的境界，更要在人格性情的「德行」上培養以達到修身的地步。

第二個僕人是「有腦」之人，他曉得賺取回報的重要，卻未能有盡忠的表現。這並非能力有所不逮，只是未能發揮盡心的力量。要達到盡心的境界，人格德行上的培養是不可缺少。

從思考兩週一供的樓宇按揭方法上，可察覺這方法實則是對銀行較為有利，供款人所節省的利息相對總利息支出只是「濕濕碎」而已；卻在每年供款上添加金額，實則是將還款期縮短，以加快銀行資金「回籠」的速度。

自己的金錢若不盡心管理，難道別人會為你操心？正如自己若不盡心管理自己的身體，旁人是無從插手幫忙。這正是培養「德行」的第一步，你樂意努力事奉你的主你的上帝嗎？

你立志要出人頭地，沒有人可以阻撓你。亞洲的國家中以新加坡最為了得，既沒有靠山，亦沒有資源；雖有不同的大國及種族圍繞，卻既能保持獨立不為別國吞噬，亦能建立和諧不致種族紛擾。面積小，人口少，卻能建立精銳的海陸空三軍及國民警衛軍，在軍費不菲的情況下能努力建立，爭取平衡。

這是建立「德行」的第一步，不要看別人，反要看到自己的優點長處，不再埋怨自己領受多少銀子金幣，卻要肯定自己身在福中，這是事實，並非虛幻。

要進入德行的門檻，四書《中庸》有這樣的教導：「好學近乎知，力行近乎仁，知恥近乎勇。知斯三者，則知所以修身」。意思是努力學習就接近「智」，努力實踐就接近「仁」，能明白甚麼是可恥就接近「勇」。好學、力行、知恥三者並非智、仁、勇；好學可以明理破愚，力行可以進道忘私，知恥可以立志去懦。能夠在這三方面用功，就可以進入智、仁、勇的門檻，明白修身的德行。

入德之門，修身基礎，正是這三點。

「好學」就是努力學習，是十分重要。英國政府在二〇〇五年六月發起一項中學生學習營商計劃，全國的中學在暑假為十二歲至十八歲的年青人開設商科課程，使中學生有機會認識企業家的營商之道。雖然註冊公司數目跟美國相比還未及一半，但英國政府仍努力建設「企業社會」這目標，在中學階段已經竭力培養未來的企業家。這是「前望」而非緬懷過去的恰當做法。

學習知識要「有腦」，但「有腦」與否相信與先天有直接關係，人較困難令自己更加「有腦」，但可以令自己的「腦力」不走下坡，正是學習所必須校正的方向。故此，你我須要學習「養腦」之道。

醫學界研究，多巴胺神經細胞有助「腦力」的發展，而柏金遜症患者的這些細胞正是遭受破壞。要防止這病，可以進食一些中和氧自由基的食物，例如維他命C、綠茶、豆漿等都含有抗氧化劑；當然，停止服用興奮劑及停止吸煙則更為重要。

抗氧化劑可以防止多巴胺神經細胞被破壞，卻不能作出修補的工夫。學者指出能夠使大腦的幹細胞變成多巴胺神經細胞才是上乘之道，醫學發現只要大腦能夠製造多一些叫做GDNF的膠質細胞衍生營養素，就能達到這上乘之道。方法十分簡單，就是中國人進食之道：「七分飽，三分飢」，這是基於一份權威的研究報告，是一種約束卡路里的方法。

認識這「養腦」上乘之道，對於努力學習有一定的幫助，有助進入德行之門。僕人不再埋怨有限的恩賜，不再計較微小的享受；反要欣賞上帝創造的奇妙，領受所賜的福氣，施展個人獨特的本領，為上主盡心跑上第一里路。

投資「未盡心」(IV)

「力行」就是努力實踐，不作虛偽的功夫；力行之所以近乎「仁」乃因為私念逐漸消失。力行的困難不單在於個人虛假的表現，更在於個人「心有餘」卻「力不足」的境況；這彷彿是保羅在羅馬書所言「立志為善由得我，只是行出來由不得我」。如何在力行上可以得勝有餘呢？

小孩子實踐學習經常遊到一個毛病，就是注意力短缺或高度活躍的障礙。據醫學研究顯示，這些孩童身體內某種訊息過分微弱，以致較難處理一些複雜的記憶，導致缺乏一種實踐組織的層次感。可行的補救方法是串連其他不同的感覺，即是觸及視覺、聽覺、味覺等神經線路，從而產生互相牽連的感覺，幫助孩童處理涉及記憶的繁複學習。

這種「牽連感覺」研究的專門名詞稱為Synaesthesia。研究指出一些抽象文字能夠勾起與文字無關的「視覺牽連」，令人「看到」色彩；類似的研究亦指出有人聽到音樂的和音時「看到」色彩。有音樂大師指出音樂家能夠將音符演繹出美麗的圖畫。或者正是他們聯想的力量，以致我們可以一睹霍爾斯特(Gustav Holst)《行星組曲》的奧祕、一聞貝多芬(Beethoven)《田園交響樂》的芬芳。

達致力行的方法之一可以是觸動牽連感覺，除了上述那種發展為治病方法的感覺機制外，這種牽連感覺可以看為一種危機感應，令人懂得有所反應及作出應付方法。九一一慘劇中大部分生還者指出事發後陷入一種迷茫狀態，有七成人撥電求證，逾一千人先關掉電腦後才逃難，更有一間公司在開會後才決議離開。九六年十一月香港嘉利大廈沖天大火災慘劇中，筆者有一朋友剛巧乘搭電梯到地下外出公幹，赫然發現電梯出了毛病，於是急電樓上同事看個究竟，囑咐大家走為上著；可惜同事感覺並無異樣，亦沒有人帶領逃離現場，以致葬身火海。

要觸動牽連感覺就不要自以為是。不少危難發生後有足夠時間讓羣眾作出反應——走，最終受害者卻自恃一顆自以為是的心，動也不動。

「不動」就不能「力行」。第三個僕人就是不動，第二個僕人就是不力行；若他們的感覺被牽連，觸動危機感應，他們決不會這樣事奉主人。牽連感覺正是盡心、盡性、盡意、盡力的表現。

「知恥」才會立志，才會除去懦弱，才會承認錯誤，才會拒絕卑下之事；這是一種意志力剛強的表達，不會在大、小事情上得過且過。可以竭力賺取十個金幣決不會留力停留在五個金幣的層面。

筆者在二十世紀九〇年代中葉在紐約見過俗稱squeegee men的市徒，在交通燈前走出馬路為駕駛者抹擋風玻璃後索取小費。前紐約市長朱利亞尼（Rudy Giuliani，任期為1994-2001）上任後嚴懲打擊squeegee men，不少人覺得是小題大做，卻不曉得這正是治安惡化的先兆。一段時間過後，紐約市罪惡率果然下跌。這正是「破窗理論」（Broken window theory）的典型實踐，及早處理罪行，慎防罪惡升級。

要知恥就要運用剛強的意志力，不容許自己在小事上不盡心。

培養德行，要從好學、力行和知恥入門，以致能夠為上主盡心。

置業安居並非為了進行買賣交易，卻是為了建立家庭的幸福，這不是較易之舉。你希望在「破窗」下生活嗎？要為你的伴侶子女傳送幸福的感覺，就不要吝嗇傳送關懷：一份慈愛的目光、一聲溫柔的叮嚀嘉許、一拍肩頭胳膊的支持、一個盡情的擁抱、一餐清啖餸菜的預備。據醫學發現幸福感的產生是由於一種稱為催產素（oxytocin）的蛋白質的分泌，這些微少的關懷確實能將幸福的感覺傳開。

也願你能安居置業，家庭幸福。

有關破窗理論的解釋及應用，見Wikipedia。

小體科 5 理財

「亞當看女人不是身外物、性伴侶，而是男人生命的一部分。『骨中的骨，肉中的肉』不是指男人比女人多了一條肋骨，也不是指女性地位永在男性肋骨之下。到今天也沒有比『骨中的骨，肉中的肉』描寫兩性更平等的講法，其愛之深也不能用言語容易解釋得清楚。」

楊牧谷

小登科理財

穩健第一步

那女人看見那棵樹的果子好看、好吃，又能得智慧，就很羨慕。

創世記3:6

好看、好吃、又能得智慧，確是極具誘惑。昔日魔鬼引誘耶穌的三個試探亦與這三方面相類似。外表的美麗、內在的效益，實在令人垂涎，尤其是在你人生得意之時，大小事情也會順意而行卻少有計較之意。

「久旱逢甘露，他鄉遇故知，洞房花燭夜，金榜題名時。」人生得意之事，可見一斑。科舉時代考中進士稱為「登科」，「大登科」是金榜題名，「小登科」是洞房花燭；均是值得慶賀的事情。

從認識到拍拖，從戀愛到婚姻，是一步接一步，由一個階段進入另一階段。這可以是成熟的表現，在生理、心理及生活等各方面展現達至成熟。

生理的成熟當然不是指青少年成長期間，荷爾蒙在身體各器官如甲狀腺、卵巢或睪丸的分泌如何，這只表示性的發展加速起來，或是成年人的慾念在青少年體內萌芽。雖然他們開始進入成年人的生理狀況，但距離生理上的成熟及進入成年人的階段還有好一段路程。

心理的成熟亦不是指要擺脱「裙腳仔」的社會形象，執著以個人的方式來迷戀所熱愛的。雖然這可體現獨立，但距離心理上的成熟戀愛還有一段時間的熬煉。

生活的成熟更非有情飲水飽的浪漫故事，沉醉於不切實際的幻想雖然不致於陷入百事哀愁的局面，卻會令人憂心忡忡，因為生活確實「迫人」。

二十世紀的婚前輔導較強調生理及心理的層面，卻較少能在生活的財務管理上作出有份量的提點。洞房花燭是得意之事，但婚前與婚後的安排確是煞費思量。

二十一世紀的婚禮是N個人的事，因為它涉及龐大的支出，市場人士連迪士尼童話人物都虎視眈眈，視為肥肉。以香港為例，每年的支出達數十億元。粗略估計，婚禮支出十多萬是等閒數目：擺酒筵開二十席需十多萬，所收的「人情」約可支一半，婚紗禮服攝影需三、四萬，歐洲蜜月旅行需四萬多。

心理學研究指結婚是人生一件大的憂慮。若然在婚禮安排的過程上能夠作出較周全的財務安排，一對新人會較輕省面對這人生大事。

要建立財務健全的家庭，第一步不是要借貸籌辦婚禮，以免損害穩健的財政基礎。酒席是較大的支出，寧選中價酒樓勝過迪士尼或是皇者氣派的酒店。

要得智慧，著眼點不是放在好看的層面。二十世紀八十年代「紅地厘蛇果」(Red Delicious Apple)是圓渾、紅潤、香甜著稱，佔美國華盛頓洲蘋果總收成的75%。但市場帶來激烈的競爭對手如富士(Fuji)、加拿(Gala)，令紅地厘的比例下跌至二〇〇三年的37%。加上紅地厘的培植者不斷改良品種，令蘋果在未成熟的時候已經開始轉紅，以至過往部分蘋果在出售時呈現斑點，又或是入口時出現苦澀味道的情況，變相令這叱吒一時的紅地厘蘋果之王不紅不甜。

作基督的跟隨者要注重的並非是派頭場面，亦非令人羡慕的「好看好吃」，恐怕這只會在紅地厘般不倫不類的改良過程中「變質」。

小登科理財

步步為「營」

一切便照著上帝的命令完成：地發生了青草和結種子的菜蔬，各從其類；水中滋生各樣有生命的動物，天空繁殖各類飛鳥，各從其類；大地繁殖各類動物：野獸牲畜爬蟲，各從其類。上帝卻照著自己的形象、按著自己的樣式造男造女。

創世記1:20~31

各從其類表達了上帝賜予不同物種獨特的天賦本能，可以生存發展。人卻擁有上帝的形象，是獨特的模樣(mould)；擁有上帝的樣式，是領悟理解的能力。這一切均是創造中的獨特，是上帝親手並非單憑口述的創造。

當戀愛成熟進入談婚論嫁的階段，「有情飲水飽」的思想須暫放一旁，「衣食住行、柴米油鹽」須放於第一位。

毫無疑問，「住」是重要並首要解決的問題。有足夠財力自置物業固然是好事，但卻要留心外在「大氣候」的環境趨勢，這是加重家庭財務負擔的重要因素。在油價不斷攀升的日子，不單令香港擺脱通縮，步入經濟學家所言的良性通脹；亦帶來加息壓力，推高按揭利率。高油價表面上加重駕車人士的擔子，卻因牽引利率上升令置業人士備受影響。以過往推高兩厘半的情況為例，一百萬的按揭貸款每月要多付一千多元；加上利率向上的走勢，影響逐步浮現。計劃結婚者須多番思量。

租住單位有助婚姻計劃踏出一步，在選擇及裝修物業的時候不妨考慮以「SoHo」的理念來處理。SoHo一詞來自美國紐約曼克頓Houston Street南面一處地區（South of Houston），該地區以前衛的藝術、音樂、電影和時裝款式等著稱。英國倫敦亦有SoHo區，則是食肆酒吧夜總會林立的繁華地帶。而這裏說的SoHo，則是指Small Office Home Office。鑑於在家中辦公是不少人逐漸實現的夢想，以拉動式路軌來作為間隔更方便居室成為辦公室，互聯網絡更是與外界保持聯繫的重要橋樑。香港的房間以細小著稱，未必能用上拉動式路軌，卻可另闢一隅作為小型辦公室，再加上個人獨特的心思便可成為一個Sweet Office。

要建立Sweet Home Office，選購合適的傢俬及裝修公司是少不了的事情，這不單涉及財力，還要有定力及韌力，在安排恰當的情況下可避免墮入向消費者委員會投訴的行列中。

除要選擇一些信譽較好兼有退貨服務的傢俬店外，在購買貨品時亦須緊記訂金不宜過多，一成已經足夠了；當然愈少愈好，這可增強個人議價的力量。另亦無須理會店員的游說，要堅持個人的選擇。還有看清楚單據上是否正確列明貨品一切的資料，並須在付款前細心查收。若是較大的工程，則可選擇分期付款，切勿在竣工前先付全數。

建立獨特的家居、個人「麻雀式」的辦公空間並非標準化的建屋結構可以提供。標準化的原則是現代化的產業，試想想你光顧食肆時可否要求脆鷄去皮、漢堡飽牛肉半生熟？那麼標準化的原則會被摒棄，整個制度也會崩潰。標準化在現代社會是需要的，是必要的各從其類。藥物的處理也是這樣，以致踏足英、美、加、澳也能夠買到成分相同的成藥。但各人體質有異，醫生便嘗試以個體化的用藥方法來治療；以致醫學上出現一門新學科：「基因適用藥物學」(Pharmacogenomics)，是研究病人體內不同基因時藥物表現的作用，期盼找到一些藥物去適應病人。建立Sweet Home正需要這「適用」的概念，是獨特建立而成。

我們的被造正是上帝的賞賜，有道德、理性及自由意志，我們可以理解上帝、愛慕祂，與祂過屬靈團契的生活；我們的獨特性質不單在家居安排上表現出來，更以所賜予的理性情感在我們的言行上表達與上帝的關連。

當你們為新居所付上無可計量的心力時，可有想起上帝在你們身上透過耶穌基督的救贖建立了聖靈的殿宇。

小登科理財

營營覓食

上主把亞當安置在伊甸園，叫他栽種看管園中的一切。上主命令他說：「園子裏任何果樹的果子你都可以吃，只是那棵能使人知道善惡樹所結的果子你絕對不可吃；你吃了，當天一定死亡。」

創世記2:15~17

上主為人開闢伊甸園，安置其內，命令人修理看守；並且再次向人直接說話，繼上次對人講話賜福後，今次的講話卻頒下禁令。猶太學者指出亞當和夏娃原先被造後，擁有行善的自然動力，並不渴想「罪」這抽象之物。當他們吃了那能分辨善惡樹(Tree of knowledge of good and evil)的果子後，便將「惡」帶入他們裏面，改變了他們的本質，以致產生行惡的動力。要箝制這方面的慾望，人要透過不斷的自律、思想、學習等，以致能厭「惡」——對惡有強烈反感，並能行「善」——對善有熱愛的追求。

當你所愛的回應你的追求時，便是將「更深的愛」帶入你們的生命裏，同時亦會改變個人的理財方法。過往孤家寡人的日子可以豐儉隨意，入扒房啃麵包也可以是一餐，甚至與三數知己到酒吧摸杯底談心事亦一樂也。過往可以豪爽，今日卻要節制。酒吧不少的玩意會令人暴飲：從過往的玩骰盅到今日陪客人的猜拳「枚手」；從足球比賽到賭波合法化，這些營銷策略都大大提升酒吧的生意，吸引了不少「十八二十二」的年青酒客。與酒相關的遊戲著實不少，但中國人與西方人卻有極大分別。中國人的酒是懲罰輸家，參與者以此為樂。西方人的酒是提供三兩知己傾談的橋樑，而酒吧的玩意卻以擲飛鏢、打桌球、現場音樂演奏為主。英國酒吧在九十年代曾舉辦通識問題的小測試（pub quiz），不少人專程造訪，贏家更可飲免費啤酒。酒吧老闆當然較為歡迎輸家罰飲的方法，但對於步入籌劃婚姻者（較為恰當是大多數人）來說，一杯起兩杯止正是摸杯底談心事的明智之舉。免傷「荷包」確是合宜的理財之道。

「擺酒」確是結婚須考慮的重要事情。印婚帖、備禮餅、訂酒席是一連串的事情，應預早準備。

中國傳統有過文定（小聘）和過大禮（大聘）。前者作為訂婚儀式由男家送聘禮（通常是食物及首飾）到女家。後者則由男家送上禮金及各種禮品，包括椰子——取義有爺有子、茶葉——寓意女子受過人家「茶禮」要信守盟約、以銅盤盛載新鞋——寓意「同偕」白首等等；而禮品的數量須用偶數。

婚宴喜席應量力而為，將支出項目及數目作一周詳統計。酒店宴會廳會較酒樓昂貴，但較為寬敞並提供較多類型的服務。菜單要清楚列明，雖然菜式大同小異，質量卻可以有很大的差距。

事實上，婚宴是一個整體經驗；食物的質量及包裝固然重要，心怡的環境、讚歎的服務態度更令人開懷暢飲。這是東方人與歐美人飲食觀念的一個重大分別，毋怪乎二

○○五年五月英國*Restaurant*雜誌選出全球五十間最佳食府，以英國倫敦Fat Duck名列前茅，繼而是西班牙、美國、澳洲的食府。亞洲食肆中只有位於香港半島酒店內的Felix名列四十九，但Felix卻不是以食物而是以廁所景觀馳名。而restaurant一字來自restorative，意思是休養生息，讓疲乏的身軀重新得力。

伊甸園是令人休養生息之地，是上帝為人預備的美麗果園，是曠野中的綠洲，是水源充足土壤肥沃的樂土，但這不是上帝的園子，只是人居住的地方，是君王選召僕人亞當管理看守的園子。人不應視自己是園子的主人，不應以為自己可以當家作主；知道善惡就是有這方面的含意，以為自己有能力斷定甚麼是好、甚麼是不好，卻把上帝忘得一乾二淨。

當你預備婚宴的時候、或當你進入結婚紀念的日子時，你究竟踏上一條甚麼的道路？

見http://www.restaurantmagazine.co.uk。

小登科理財

食力

上主使亞當沉睡，便拿下他一根肋骨，然後再把肉合起來；於是把那女人帶到亞當面前。亞當說：「這是我骨中的骨，肉中的肉；我要叫她做『女人』，因為她從『男人』出來。」因此，男人要離開自己的父母，與他的妻子連合，二人成為一體。

創世記2:21~24

女人的身體不是從塵土而來，上主用了男人的一部分來造女人，故此一個人成為兩個人，兩個人又可以合而為一，充分表明男人與女人是無可否認的平等。而男人離開父母是指離開父母的住家另立新的居所，絕非不再事奉父母的意思。

婚禮（wedding ceremony）與婚姻（marriage）是有分別的。婚禮是儀式，含有象徵意義，表示婚姻的開始。婚禮並非兩個人的私事，從雙方家長同意點頭的一刻到婚禮選址、印帖、過禮、禮服、照相、婚宴筵席等，均涉及雙方家長甚而是「家族」的參與，這些都是「未娶妻先出三十」的財務決定，若能處理恰當，日後彼此關係自可更上一層樓。

財務安排一個重要的大原則是「自決」。一對新人經過相互批判的反思後（這裏的反思指先以自己立場為據點思想，再反過來以別人立場而思之），這是學習聖經論婚姻的第一智慧：「二人成為一體」的重要一步。無論婚禮中的任何事情（這些事情大多牽涉財務安排），一對新人要有一致的看法，然後才將協議向家長明說解釋。這不是新人表達「向誰效忠」的時候，故此新人必須持守穩健為理財的開端；若然新人須向家長籌措資金，那麼婚事的張羅實難自決。更何況這是學習聖經論婚姻的第二智慧：「離開父母」的上好機會。

新人財務上的穩健帶來「自決」的實踐，自決是成熟的表現，包含尊重與體諒；要尊重老一輩的看法，體諒父母的心境。婚禮並非兩個人的事情，是家庭的喜慶，象徵兒女已經長大成人，在身體上與父母分開。新人的決定要將家庭帶入融洽和諧的局面，故此婚宴筵席可以讓父母作真正的主禮人，體現當家作主的身分。

二〇〇五年七月二十一日人民幣升值2.1%，但美國指斥人民幣匯價偏低25-30%；中國繼續擴充軍備，美國軍事報告質疑在和平的環境下為何增加軍費；中國努力實踐WTO協議，美國單方面限制紡織品入口……改善中美關係固然重要，但國家絕不可跌入隨別人擺佈的機制中。人民幣升值是一種新的匯率體制，並非一次過的調整，雖然過往一個月的變動只有1%，卻對國內企業構成負面影響，因為出口貨品的利潤相對下降。要實行人民幣匯率波動（並非匯率調整）的穩健機制，首要的是令那羣人民幣投機者意興闌珊的離場。在管理浮動匯率的制度下，人民幣不應大幅升值，即使需要升值，每年上升的空間亦極為有限，2%是合理的波幅；那麼投機人民幣便成為蝕本生意。否則中國會重蹈日圓八十年代升值的覆轍，以致日本經濟不能飛躍二十一世紀。雖然中國是發展中的國家，與美國相比只是二線股與藍籌股；但美國老牌公司的純利已跌入低增長期，中國經濟則是朝氣勃勃處於高增長期。故此國家在逐漸成熟的境況下自決作主，不能再忍讓像美國間諜機公然偵察中國等事件的發生；這是成熟的表現，是實力的彰顯。

國家的主權不容有失，人的主權亦更不容忽視。男人與女人結合成為一體乃是體現起初上帝的創造，要合而為一就是有同一心思同一意念，那麼人需要將主權放於上帝的主權之下，盡心盡性盡意盡力去事奉這位主宰。

不少信徒在教會內或是教會外均喜歡當家作主，殊不知道基督的跟隨者只是園丁不是家主，是僕人不是主人。人往往喜歡彰顯個人的實力，將別人玩弄於機制之下，卻忘記別人同為上主所造，為祂所愛。

那男人女人赤著身子然而卻不害羞，除了顯明他們的純潔(purity)外，更表明他們不為滿足個人私慾所擺佈，因為他們用盡上主賞賜的一切，以純潔的身體和真實的心靈單單朝著上主心意的道路上奔走。

小登科理財

力行平衡

上主說：「那人單獨生活不好，我要為他造一個合適的伴侶來幫助他。」於是上主用地上的塵土造了各種動物和各類飛鳥，把牠們帶到亞當面前，讓他命名。他給牲畜、飛鳥和野獸取了名。

創世記2:18~20

上主為亞當造出伴侶，先以動物給予命名。名字在猶太律法書中並非簡單的稱謂，而是反映動物的本質及牠們在世界中整體計劃的角色，並擁有個別的使命。這是人與動物「並存」的微妙關係。

婚禮的形式取決於婚禮場面的大小、舉行的時間及地點等因素，作為婚禮的主角，定當在禮服上花盡心思。新郎的傳統禮服以深色為主，而春夏之際可選較淡色（白色或象牙色）的西裝外套。新娘的婚紗則以淺色（白色或象牙色）為主。除了禮服外，攝錄服務、化妝及髮型等均須事先查詢收費作出財務的安排。

對於希臘人來說，白玫瑰象徵至高的喜樂；雖然不少人以為白色的婚紗禮服象徵純潔，其真正意義乃是喜樂，這源於羅馬時期的人慣常穿上白色來慶祝紀念的日子。

在婚禮中不可缺的還有兩樣東西：結婚戒指及結婚蛋

糕。新人將戒指戴於對方左手無名指上，因為希臘哲學家相信左手無名指藏有重要的命脈直通人的心臟。故此，戒指除了紀念價值外，更是戴於指上，記在心頭，是記念對方情深義重的表達。結婚蛋糕通常分為三層，從高至低逐漸擴大，每一層都相當重要。中古時期的英國是由婚禮的賓客帶備蛋糕並堆砌在餐桌中間，一對新人隔著蛋糕在不踫跌蛋糕的情況下親吻。後來由法國糕點師傅將小蛋糕黏成一個大蛋糕，演化為今日新人切第一塊蛋糕並為對方餵上一口，完成切蛋糕的儀式。更有傳統將蛋糕頂層冷藏，直到結婚週年才拿出來分嚐；但相信樂(敢)於進食的人不多。

結婚蛋糕帶給婚姻微妙啟迪，婚姻的底、中、頂層分別比喻為結構的變化、身分的變化及身心的變化。

結構的變化是由於新人自組一個獨立的家庭，新人離開父母並非指敬重的層面，反而是離開昔日倚靠父母照顧的階段，在生理及心理上獨立成長。但這並不等於摒棄對父母的責任，因為聖經提醒：「人若不看顧親屬，就是背了真道，比不信的人還不好。不看顧自己家裏的人，更是如此。」一對新人需要「自決」來策劃婚禮及將來的生活，亦要維持與家人「並存」的關係，活出承擔責任的態度。

結婚帶出三個家庭結構上的變化，是一門不顯淺的學問；可以從中國能源消耗模式的變化來得到一些啟發：目前中國佔世界能源消耗量8%，但隨著社會現代化，從工業及農業的機械化到家庭設施的多樣化，令人肯定中國未來的經濟發展只會持續對能源有更大的需求。縱然發展可能會放緩，例如不是大部分中國人均擁有新車的購買力，但這正表示他們仍會繼續使用舊車，在需求持續的情況下對世界能源市場造成長遠的結構性影響。故此中國政府在二十一世紀初竭力在能源市場上作出開拓方面的收購，這明顯是有遠見的一著。

婚姻的開始令人漸漸醒覺這是三家人的事情，這是結構上的改變。要活出並存的理念，新人需要在婚前努力了解及接納對方的家人，以誠懇的態度開拓嶄新關係。婚後更需以不同的形式噓寒問暖，精神上的支持自是重要，金錢上的照顧也不應忽視。

事實上三個家庭的相處彷如不同的月餅在市場中並存的關係，產生的不盡是競爭以致彼此衝突，而在健康飲食風氣下不斷創新改良。以冰皮為例，從一九八九年的白蓮蓉冰皮到綠豆蓉，到第三代以乳酪為基礎餡料甚而以燕窩用料的冰皮月餅，顯明冰皮月餅可塑造的性質，亦沒有傳統包袱的牽扯，造就了每年本港月餅的銷售達四至五億之多。

「自決並存」不單是一對新人的結合帶出新的聯繫，更提醒人類這是與地球恰當的關連。不少愛護動物的學者竭力解決瀕臨絕種動物的問題，有教授提出創新的建議：就是遷徙在非洲和亞洲被威脅生存的野生動物到更大空間的北美洲，這遷徙過程可能長達五十年之久，但這正好有足夠時間給人類訂定更適合牠們生活的環境。

學習「並存」就要學習尊重別人「自決」。「To live and let live」，自己竭力生活之時也要竭力讓別的受造物活下去。這是我們在地球生活、在教會事奉、在家庭相處的重要實踐。

這是美國康奈爾大學生態及進化生物學Josh Donlan的大膽構思，見*Nature*, Vol. 436, 18 August 2005: p. 913-914。

小登科理財

衡情酌理

後來，上帝說：「人單獨生活不好，我要為他造一個合適的伴侶來幫助他。」

創世記2:18

「一個合適的伴侶來幫助他」在希伯來文的字面意思是：「一個對著男人幹的幫手」。有猶太拉比指出若然男人是值得的話，女人便是他的幫助；若然不是，女人便會逆他意而行。

理想的婚姻並非指夫婦所遇上的事情要得到一致通過的看法，這是不必要的。重要的是認識「男人、女人」個別的身分，作出恰當的調校。

婚姻是「牽一髮動全身」的舉動，彷如二〇〇五年九月颶風卡特里娜在美國新奧爾良造成的不單是人命財產的災難，更帶動美國政局的變化。因為當權者布殊知道自己犯上嚴重的錯誤，在水浸新奧爾良當日還在逍遙度假時，實在與前紐約市長朱利亞尼貼身處理九一一慘劇成為強烈對比；美國內政在轉化當中。不但如此，外交政策亦備受影響；除了有邦交的國家如中國願意賑災捐款外，那些貧窮地區如洪都拉斯，為仇的如古巴均樂意伸出援手，顯明「大美國主義」有調校的必要。這樣傲慢的態度在香港迪士尼樂園要求政府官員除帽脫章，以及漠視遊客權益的事件上可見一斑。

婚姻不單是家庭結構的改變，亦是身分的改變。若然你是大男人或是大女人，當你步上婚姻之途亦是該調整的時候。大美國主義令人極為反感，富有並不是被人尊重的指標，也不是智慧藏身之處。貧窮的洪都拉斯和落後的古巴比美國顯得更有愛心和修養，人要曉得世間上的品格德行比財富更重要。你可能擁有錢財籌辦豪華婚宴，就是向那些卡通人物指指點點，卻不可漠視家人的意見，要珍惜他們參與的重要。

「大」要除掉，「男人、女人」個人的身分卻要保存。婚姻並非要求對方改變，男的要為對方有一位好丈夫而發奮，女的要為對方有一位賢妻而努力；正如教會一般，傳道同工要為會友有好的領導而發奮不懈怠，會友要為同工有愛主的弟兄姊妹而委身事奉。恰當的夫婦身分包含林林種種的質素如彈性的變通適應、情緒的自我控制、尊重的溝通態度、善解人意易地而處的心思等等。這些均是婚前輔導所強調男女應有的質素，以致不會將婚姻變成戀愛的墳墓。

既是「夫婦」，身分當然與單身男女有別，行為需作出相應調整，正如青年人中年人老年人對投資有不同的表現。青年人愛消費多於投資，因為少錢財多青春；中年人喜將部分財富作投資，因為這是收入的高峯期；老年人選擇穩定的投資工具如定期存款，因為要保本養老。有研究指出，一九八二至二〇〇〇年是美國最多中年人的時期，即是說二〇〇〇年後的美股會隨著人口老化而漸走下坡。而一九九〇至二〇一〇年是香港最多中年人的時期，股票市場會是大部分收入用於投資的地方。

認識自己的身分，作出恰當投資的部署。認識夫婦的身分作出建立家庭的安排。

既是夫婦，彼此作出身分上的調校是需要時間的磨練。一九九五年可口可樂停產舊可樂推出新口味的可樂，在遭受顧客投訴的八個月後被迫重投生產舊可樂；故此在推出新產品的時候不要立刻扼殺受歡迎的舊產品。身分的轉變並不代表要廢掉舊有的身分，要按部就班作出調校，免致家人的關係、朋友的聯繫一概讓步。收窄生活的圈子可能是往後日子要走的路，卻要走得合情合理，切勿操之過急，死硬地將別人的身分扭曲變形。諾基亞的高、中、低端及新舊產品的銷售策略不可以給你一些睿見、一點提醒嗎？

婚姻中的身分包含守望的責任，就是作另一半的時候要防止對方做出魯莽愚蠢的行為，這需要透過發問、討論、反思等舉動，所以難怪有些時候妻子逆丈夫之意正是實踐最佳幫助的守望。

夫婦之間尚且要流露這種相互揆情度理的身分，何況是在教會甚至是公司呢！當有一日你看見公司的伙伴、教會的小子作出批評的語句、討論的態度時，身為領袖的你切勿「火遮眼」，一手「熄滅燈火、壓傷蘆葦」；因為他所作的只是他「幫手」的本分。

小登科理財

理順價值，骨肉相連

上帝用亞當那根肋骨造了一個女人，把她帶到亞當面前。亞當說：「這終於是我骨中的骨，肉中的肉；我要叫她『女人』，因為她從『男人』出來。」

創世記2:21~23

動物在亞當面前列隊走過，無一是他的配偶，惟有夏娃才是他寤寐追求的對象。「骨中的骨」表明海枯石爛至死不變的愛情，「肉中的肉」強調親密相連的關係。

結婚蛋糕的第三層可以比喻為身心的變化。就讓我們從三方面的身心變化，討論一下理財的考慮及相關投資之道。這三方面包括婚宴的內心渴求、婚姻中「性」對身心的影響，以及婚姻的虛景幻夢。

為了取悅內心的渴求，一些新人在婚姻禮儀上弄虛作假。日本年輕人嚮往西式婚禮，情侶雖不是基督教徒，卻選擇在教堂行禮。這本不為奇，怪誕的是他們先進行合法註冊，然後才聘用一名洋人作假牧師(因為西人牧師在日本並不多)弄虛一番；未知觀禮人士會否心中有數裝模作樣，但湊熱鬧做門面工夫的相信為數不少。誰不希望婚禮晚宴莊嚴熱鬧，奈何親朋稀疏甚而感情不和。印度亦有「婚宴賓客出租服務」，聘用專人扮演賓客，既是「專人」當然對雙方家庭背景有基本認識。這些「婚宴臨記」大方有禮，解決了門庭冷落的問題，令雙方內心釋然。

以金錢移走婚禮中的心理障礙自是不錯，卻要小心淪為炫耀的消費。中國人均財富約一萬美元，與外國人比較——瑞士約六十四萬、美國約五十一萬、日本約四十九萬美元——只是「小巫見大巫」；但中國是全球第三大奢侈品消費國，中國人購買名牌多為富貴的象徵，顯示個人的社會地位，故此未來歲月會有更多奢侈品如萬元的手袋、十萬元的名錶進入中國。追求優秀的產品、有品味的服務自是無可厚非，個人的負擔能力、不張揚的奢華亦應加以考慮，省吃儉用不虛用浪費更是不可忘記的美德。要跨越隆重熱鬧婚禮場面的心理渴求，嘗試以莊重喜樂為焦點，進行有美德有品味的婚禮安排。因為婚宴很快會曲終人散。

第二方面是性帶來的身心困擾。不少人對「洞房花燭夜」有不少的誤解，以為這是「只許成功，不許失敗」的場合，誰不知這只是漫長悠閒性生活的開始，並非一蹴而就的事情。雖然性生活帶給人難於啟齒的煩惱，但要舒緩這些壓力就要以言語道出雙方的感受及期望，那些無言的心有靈犀要暫放一旁。性生活是可以學習的知識，要知曉性生活並非一朝一夕反是一生一世的事情。身心健康對性生活有莫大的裨益，過高的自我形象會嚇倒對方，偏低的則會削弱信心逆來順受勉強依從。

性生活不應敷衍了事，投資切忌為情緒操控，只曉得人買我買、人賣我賣，到頭來在輸的境況下錯怪別人。投資確實是風險承擔的活動，人參與其中要曉得自我檢討，迴避並不能抹煞過失，緊抓著虧蝕的投資，倒不如將損失局限於資金的二至三成，讓自己沉著思想重整旗鼓，向下次的利潤進發。對投資失敗不應看得太重，因為今趟判斷的失誤會帶來下次創造獲利的機會。性生活並非一枕黃粱的美夢，而是實實在在至親密的溝通方式，是體驗愛護尊重建構幸福婚姻的重要元素。

第三方面是婚姻的幻景。當人視婚姻為逃脫孤寂建立羅曼蒂克、尋著經濟方舟改善個人生活的途徑時，便步向認同「因誤解而結合，因了解而分開」的錯謬思想。要回到現實，肯定個人的眼光與具有價值的選擇，至死不渝地在婚姻生活中彼此磨鍊不斷成長。這是一份冒險、一份投資，要獲取厚利就要兑現愛的承諾，付出愛的灌溉；在雜草叢生前作出拔除、清理的工夫，讓愛園得到恰當的栽培，開花結果。

投資中有一種「價值投資」，是真心相信貫徹價值投資理論可以帶來豐厚的利潤。透過研究上市公司的本質及管理層等資料，以現時透明度頗高的資訊分析公司的現況和前景，選出一些價錢與價值有頗大距離的股票作出長線的投資。婚姻需要價值投資的思想。

「骨中的骨，肉中的肉」是至堅至柔的結合，不單是至死不離的親密相連，更表達委身實踐的婚盟誓約。縱然婚姻在現今社會出現畸形的現象，你可有留意教會中仍有上帝所存留彼此忠於所託的新人舊侶？他們不但忠於對方，更是委身上帝的僕人。

小登科理財

連理同心，私錢共享

那女人看見那棵樹的果子好看好吃，又能得智慧，就很羨慕。她摘下果子，自己吃了，又給她丈夫吃；她丈夫也吃了。他們一吃那果子，眼就開了，發現自己赤身露體；因此，他們編了無花果樹的葉子來遮蓋身體。

創世記3:6~7

夏娃的四個動作——看見、摘下、吃了、給丈夫吃——加上亞當的一個動作——吃了——便斷送了人類的「純真」。從作者的用詞及急速筆法的記錄，相信夏娃被蛇誘惑時亞當正在身旁，以致他並非無可指摘。加上經文只提及夏娃把果子遞給亞當，他沒有反對一聲便把果子吃了，表明亞當以行動支持妻子。他們在犯錯後享受了短暫的「益處」，擁有明亮的眼睛，看見自己「赤身露體」的原先景況，卻有截然不同的反應；因為他們已經失掉本來的「純真」，與上帝與別人的關係已然破裂。於是他們匆匆忙忙地以無花果樹樹葉（是迦南地最大片的樹葉）編造簡單的帶子來遮蔽自己。

男女結為夫婦，開立聯名的銀行戶口實是理所當然，但要將個人全部收入「共冶一爐」卻教人有點不知所以，因為「凡物公用」未必是新人最恰當的理財之道。「斧頭可以不打，私己錢不可以無」，因為這是家庭的防線、個人的保障。新人可以將收入的一個百分比存入聯名戶口來支付家庭日用開支，餘下部分作個人之用，彼此互相尊重，協議不為這些私己錢的使用連番爭論。新人當然要小心平衡公家錢與私己錢的分配及運用，亦應當在公家錢上預留一些作應急之用。私己錢雖有個人私隱權利(privacy)，夫婦間卻沒有金錢的祕密(secrecy)，免致日後帶來感情上的傷害，引發互不信任的危機。

女性儲蓄私己錢自有方法，這筆積蓄可以是「自保」以致不須「與敵同眠」，這當然是毫不理想的用途；這筆積蓄也可以是「現實的避難所」解決危急之需，這雖不理想卻可以是恰當的用法；這筆積蓄亦可以改善生活環境或作為進修增值，進一步實現彼此的夢想。

賢慧妻子了得的地方不單在於金錢運用，更在於與丈夫協作。和路迪士尼在一九二〇年代創作了米奇老鼠的造型，取名為莫蒂默老鼠(Mortimer Mouse)，其妻子覺得此名過於造作(事實上莫蒂默並非一個好的選擇，歷史上出現Roger Mortimer，他是十三、十四世紀的人物，是英王愛德華二世王后的情夫，後謀殺英王篡位成為統治者，卻於一三三〇年被逮捕處死。)於是改為Mickey，後廣被接納成為迪士尼的一個重要象徵。(值得一提的是Mickey Mouse的美俚解作不必要、毫無意義的事物，是幼稚容易的代名詞。)

女性在迪士尼亦佔有重要的位置，因為迪士尼創立不少動畫英雌(animated heroines)。《美人魚》亞利伊勒(Ariel)不單救了男主角的性命，更進一步為對方作出無條件的犧牲。迪士尼更將中國的花木蘭搬上西方舞台歌頌女性剛強、溫柔並樂意付出。《海底奇兵》馬倫若沒有多莉襄助難以尋獲毛仔;《超人特工隊》更有超能太太勇救丈夫,在困境中由女兒作出解救等突顯女性領風騷的場面。當你下次看迪士尼的製作時,切記要留心迪士尼隱藏及顯露的女人。

女性為家庭所付出的實非筆墨可以形容。家庭主婦雖未能賺取收入,卻是身兼百職,理應有兩個逗號的年薪,更何況她們是「有辛無假」地委身付出;難道她們配不上有私己錢嗎?

人被派管理萬物包括那條蛇,但倒頭來女人卻被蛇所誘惑轄制,男人「妻唱夫隨」的吃了那遞上的禁果卻沒有履行責任引領妻子順從上帝。既沒有盡上律法的義務,亦失掉屬靈領導的責任。

猶太史學家約瑟夫(Josephus)指出蛇誘惑人,因為牠嫉妒男女相親相愛又敬畏上帝,何不令他們與上帝作對,生活苦澀。而上帝容許試驗臨到是要熬煉他們的品格,真正作出順從上帝的選擇。

要管理錢財,不要反被錢財誘惑;正如人要管理萬物,反被蛇引誘是不恰當的。要跨越婚姻中的蛇,男人要向女人訴説可完成的夢想,繼而謹守諾言,每日擺上時間向目標踏前一步。不空談,要實幹;把這一步化成生活的習慣,為夢想付出代價。相信你也願意為上主持之以恒地付出代價。

祝願夫婦同心在地成為連理枝,情深義重,直達蒼天。

6 親子理財

「男人花在吃喝上的錢應該只佔他財力的一部分，花在衣著上的錢不要超過他的財力，寵愛妻子和養育孩子花的錢應該超越他的財力，因為他們倚靠他，而他倚靠上帝。」

猶太傳統法典《他勒目／塔木德》(Talmund)

親子理財

一個窮寡婦・兩個小銅錢

耶穌坐在聖殿庫房的對面，看大家怎樣投錢在奉獻箱裏。很多有錢人投進許多錢；後來一個窮寡婦前來投了兩個小銅板，約為一文錢。

馬可福音12:41~44

聖殿庫房位於庭院外圍，外院男女均可進入，但女性卻不可越過庭院進入聖殿內院；外院放有十三個喇叭形狀的奉獻箱給敬拜者捐獻。寡婦奉上兩個小銅錢，小銅錢是當時巴勒斯坦地面值最少的錢幣，約值普通工人一日工資的六十四分之一；她所奉獻的雖是不值分文，卻是她「全部所有」。

父母辛苦經營，早起晚歸，為生活整天勞碌。每日能夠賺取多一塊錢是不少人工作的動力，上一代的父母為家庭糊口竭力奔馳，這一代的父母為下一代有豐富的發展竭盡精力心神。父母賺取金錢，積聚財富，絕不希望下一代揮霍無度浪費資財；卻希望他們擁有管理財富的能力，利用金錢賺取金錢，令財富增值。

怎樣令孩子掌握理財的技巧？培養他們理財的習慣？可以輕鬆踏上理財的道路？理財的竅門確實不少，事實上這些竅門亦不僅局限於理財的層面，往往涉及其他更多元的範疇。

要建立正確的理財觀念，人的價值觀卻是首要的考慮。

金錢確是可以解決生活的問題，帶給世人溫暖。昔日猶太人在沒有國家沒有政府的景況下巔沛流離，在沒有尊嚴、沒有地位、沒有權勢卻是有錢財的情況下，猶太人獲得統治者的垂青，攫取了生存的條件。他們明白一旦失掉財富的支持便是被驅逐的時候，金錢換來別人的收留及保護，讓他們感到安全。對於猶太人來說，財富可以說是實實在在讓自己平安的「上帝」。

金錢可以購買社會地位……卻只是人生的工具，金錢是重要，但難道比人格德行更為重要？猶太人看財富是成功的象徵，亦是實踐人生價值的工具；是上帝給人美好人生的祝福，亦是人回饋給上帝的禮物。

上帝給人的東西實在太多，DNA是寶貴的一種。DNA包含千千萬萬的遺傳因子，這些遺傳物質被包紮摺疊成一種體積細小卻非常緊密的結構，名為染色體。這些染色體被放於人的細胞核內，共有二十三對之多。

人體的第二十三對染色體決定人的性別，女性的染色體是XX，男性的則是XY。性別是寶貴的賜予，人不要隨己意改動，父母須作出恰當的教導。第二十三對染色體亦影響一個人的智力，而Y比X基本上少了很多重要的遺傳因子；若一條X出現問題，女性仍有另一條正常的X執行一般功能，但男性在沒有「後補」的情況下卻要面對不少問題。因此，在患有言語障礙、注意力失調或自閉症的孩童中，男的超越女的數目可以達一倍之多。

DNA如財富一般是人生的祝福，但「出了軌道」的DNA難道是「天意弄人」？一些孩子缺乏幫助學習的蛋白質，以致腦波未能加以擴大，令剛剛聽完的學習「瞬間即逝」，失卻「記性」的功能。

DNA出了亂子的孩童並沒有失掉上帝的祝福，因為上帝將這些「產業」託管給他們的父母，委託父母照顧上帝的產業，並囑咐父母日後將兒女回饋給上帝。因此，作為父母不單教導孩童財富的重要，因為這是回饋給上帝的禮物；更要指引孩童人生的價值取向，將整個人盡獻給上帝。這是父母當盡的義務。

猶太鉅富洛克菲勒（John D.Rockefeller, 1839-1937）堪稱是美國最偉大的公民，他以財富創造了知識，亦以財富見證了上帝。當他成為世界的首富後仍然悶悶不樂，因為他曉得金錢還未發揮應有的作用。他不認為要將所有財富遺給後人，這並非金錢應盡的功能。於是他成立了「洛克菲勒基金」（Rockefeller Foundation）幫助了成千成萬的孩子，令他們食有飽腹，病有所醫，學有所成，成為社會的人材。洛克菲勒不單身體力行，還教導孩子把錢用在有需要的人身上。洛克菲勒不諱言是在上帝的幫助下得著一個企業家所必備的一切。

窮寡婦奉獻兩個小錢正是父母教導孩子理財的第一價值觀。財富是奉給上帝的禮物，因為這是上帝給人美好人生的祝福。

洛克菲勒生平事迹見Wikipedia，有關基金的工作見 http://www.rockfound.org。

親子理財

嘉言懿行，典範親臨

耶穌叫門徒過來，說：「我實在告訴你們，這個寡婦所投進奉獻箱的比其他的人都多。別人是從他們的財富中捐出有餘的；可是她已經很窮，卻把自己全部的生活費用都獻上了。」

馬可福音12:41~44

寡婦所奉獻的超越了所有人，因為她在比例上(十足十)的奉獻優勝；亦因為她真實的敬虔與信心掩蓋了富有者的虛扮喬裝。奉獻的雖只為兩個小銅錢，對奉獻者來說已是畢生所有。窮寡婦這事件所表達的主要不是與富者相比，而是她為門徒譜出跟隨基督(discipleship)的樂章，就是把整個生命投放上主手中，是故耶穌召喚門徒來領受教導。

父母教導子女，言教身教同樣重要，但榜樣典範帶有較強的說服力量。父母的榜樣可以在子女中留下不可磨滅的印象，當你看金錢是幸福生活的「酵素」而並非令人愁煩的東西時，他們會曉得金錢的正面功用。與子女正面談論金錢是蠻有意義，透過香港錢幣可以認識九七年前後分野的歷史——英女皇圖像與香港區徽，或者可以進一步解釋各類錢幣的相同與分別之處，以及明白硬幣鑄造的工序等。你何時對子女談論一千元的鈔票並介紹一些防偽特徵？你有否帶子女到鈔票錢莊察看絕版的一元「巨型」鈔票？拿出你收藏的舊有鈔票及錢幣與子女共享，相信亦是一件賞心樂事。

除了正面認識金錢的功用外，亦要使孩子明白金錢是工具，而非終極之目的。假若孩子損毀家中一件貴重物品，你會怒火中燒地罵他嗎？若然物品是被客人損壞，你會這樣大動肝火嗎？要讓孩子知道人比物品貴重得多。

樹立榜樣是為孩子建立正確理財觀念的重要一環。二○○五年諾貝爾物理學獎得主之一是格勞伯教授（Roy Glauber），他雖與其他兩位物理學家同獲這份殊榮，但卻是一人獲得一半的獎金，而且被評審委員會主席稱為「量子光學之父」，但奇特的他卻是武俠世界少林寺中的平凡掃地僧。這位哈佛大學教授是「搞笑諾貝爾獎」（Ig Nobel Prize）頒獎禮的御用掃地工人。搞笑諾貝爾獎由科學幽默雜誌（Annuals of Improbable Research, AIR）主辦，選出乍看令人發笑、隨之發人深省的研究，於一九九一年首次舉辦。他們的傳統是觀眾與台上嘉賓在整個典禮中不斷互擲紙飛機，一輪混戰後令台上的紙飛機堆積如山；這位八十歲老教授十年來以虛懷之心清理台上的垃圾。財富是重要，卻要令孩子知曉你不辭勞苦的榜樣；謙厚令他們明白，生命中更重要的東西，還有健康精神、人格美德等。

要培養孩子理財的習慣，塑造美好的環境是需要的；但美好的環境絕非是為他們安排一切，以致一些孩子成長後仍需倚賴父母事事打點。不少父母塑造子女成為老師親友喜愛的孩子，為了讓他們在多方面有成就便送他們學音樂習繪畫，期望他們一鳴驚人；殊不知道孩子缺乏個人思考的能力，只是懵懵懂懂的任由父母安排。今日的孩子知道天不會掉下金錢，但自動柜員機可以吐出金錢，卻不曉得在花錢前要賺取金錢，而這是要付出代價的。

醫學上有一種衛生假設(hygiene hypothesis)的理論，意思指家長過分注重衛生，令孩子身在溫室無菌的環境中生活，以致不少孩童的免疫系統在小小年紀便出了毛病，患上食物敏感、哮喘等症狀。另一個情況是孩子動輒服用抗生素將大腸內無害細菌掃除，以致在一般的衛生水平下仍患有哮喘。要作出調校，每日一小杯含有活性細菌的乳酪會派上用場。

子女理財觀念由父母的榜樣塑造而成，子女跟隨基督亦是這樣。窮寡婦為我們作好榜樣，獻上的是一顆真實無偽的心，完全投靠上主的供應，呈獻的不單是錢財，更是個人完整的生命。

見 http://improbable.com/2005/10/04/glaubers-sweeping-success/。

親子理財

三才四德付零錢

有幾個徵收聖殿稅的人來見彼得，問他：「你們的老師付不付聖殿稅呢？」彼得回答：「當然付。」彼得進了屋子，耶穌先問他：「西門，誰向這世上的君王繳納關稅或人頭稅，是本國的公民呢？還是外國人呢？你的意見如何？」彼得說：「是外國人。」耶穌說：「那麼，本國的公民可以免稅了。但是我們不要冒犯這班人。你到湖邊釣魚，把釣上的第一條魚拿來，打開牠的口，你會發現一個錢幣；這錢足夠繳納你和我的聖殿稅，你拿去給他們吧。」

馬太福音17:24~27

猶太律法規定凡年滿二十歲的男子（祭司除外）每年須繳納半舍客勒（one-half shekel，約為工人兩日的工資）以維持聖殿的經費。由於地上君王的兒女毋須付稅，故此作為上帝兒子（son of God）的耶穌及上帝兒女（children of God）的彼得（即是上帝家裏的一份子）按理也得到豁免。但為了避免不必要的冒犯，令人誤解他們藐視律法，便透過上帝奇妙的供應從一條魚的口中得著一塊銀幣，約值猶太的一舍客勒，等同羅馬的四個得拿利（drachmas），足以繳納兩個人的聖殿稅。

從魚身上找錢是上帝奇妙的供應，這是人稀有的做法。

人卻會從魚身上取出魚子，製成極品，這種殺魚取卵的方法滿有血腥氣味。美國政府為了保護中東裏海瀕臨絕種的白鱘魚，於二〇〇五年九月底正式禁止進口白鱘魚魚子醬(beluga caviar)。事實上現代精確的科技已經可以透過在魚腹開一個切口，不須殺掉雌魚的情況下取出魚卵。漁民何須那麼「迫切」用白鱘魚的生命換取極品魚子醬呢？

食物中有極品，亦有垃圾。英國教育大臣凱利「迫切」地向「垃圾食物」下戰書，承諾在二〇〇六年內把高糖高鹽高脂食物踢出校園。但英國科學家卻指出食物只有好壞之別；難道肥膩的薯條和漢堡包是「垃圾食物」，而八成是脂肪的鵝肝和高脂的香橙鴨卻是高級餐廳的美食嗎？食物含有不同的蛋白質、碳水化合物和脂肪等成分，因應各人身體及環境的需要作攝取養料及排走廢料，故此人應該針對的不是某些食物，而是均衡的飲食習慣。

教導子女理財之道就是要指引幫助他們養成良好的理財習慣，而零用錢便是一個鍛鍊身手的方法，令孩子學習作出負責任的決定，選擇花費或是儲起來。

不少父母最難忘的事情是子女的第一聲「爸爸、媽媽」，或是子女似跌非跌的一腳一步就著自己重心撲向父母的懷抱。第一次自己行走的動作是平衡技巧與腦的配合，先學行、走，再學跑、跳。在學習的過程中跨越障礙，從中領悟道理，以致能闖出發展的新空間。

教導孩子處理金錢需要付上不少時間，分發零用錢更應從孩子實際的角度思考；這一切是愛的流露，是父母理解的付出及供應。耶穌不願以個人的自由去冒犯那些猶太人，不是出於懼怕，而是由於愛及關顧別人的需要。事實上，耶穌在十架上的死不單是愛的實踐，更是愛的犧牲。

孩子的零用錢是父母愛的供應，若缺乏愛的教導，恐怕零用錢會令孩子變壞，愛反變為害。那麼，父母應從孩子的不同成長階段思索正確的理財之道。

親子理財

習五音、學六甲

有些人帶著小孩子來見耶穌，請耶穌摸他們；門徒卻責備那些人。耶穌看見了就生氣。

馬可福音10:13~16

小孩子跟女性一樣在昔日猶太社會中並不佔一席位，只是一種連於成年男人的關係。男孩子當然是上帝的祝福，亦是承繼產業及家庭工作的力量；而女孩子當然無地位可言。門徒對孩子的反應明顯是受猶太社會框架所模造，難以認同今日視溫柔對待孩童是一種美德的看法。但耶穌強烈譴責對孩子責備的態度，直接肯定愛護和祝福對孩子的重要。

以多姿多采的方法來協助孩子建立正確理財觀念是父母當盡的本分，對應孩子的不同成長階段作出不同的指引更是不可忽視。在遊戲中學習、在故事中成長是父母因應不同年齡作出的安排。

除了一些購物、「煮飯仔」等涉及錢幣找換的遊戲外，「大富翁」亦是含有財富訓練的遊戲。五至八歲的兒童可選擇monopoly junior，讓他們學習數字的理解及數學的操練。寓言故事亦可以帶出一些關於財富的正確理解，例如在〈貪心的小狗〉中，貪婪令自己骨頭的本錢都丟掉。孩子到了高小階段可以講述內容較複雜意義較深遠的故事，如莎士比亞《威尼斯商人》中，金錢的力量導致人以三千塊錢賠上生命，幸得摯友的智慧襄助才得以脫險。錢財是重要，友誼亦屬難求。

遊戲、故事是父母幫助孩童理解財富的重要途徑，但「機會學習」更應時常珍惜。以十月份的萬聖節為例，父母應解開這靈界虛假的包裝，指出這節日不再是孩童索糖的活動，而是商品化的狂歡；購物商場、娛樂場所等將這恐怖日子美化為狂歡的節日，目的是要孩童及成人盡情消費。殊不知這節日原為愛爾蘭凱爾特人（Celts）為避免死亡之神在十月三十一日（他們以此日為一年的終結）與鬼魂重返人間尋找替身，遂以焚燒動物為獻禮。這與廣東的盂蘭節性質相近，實則是沒有甚麼值得慶祝的鬼節。

除了上述的途徑外，理財訓練更要配合孩子的成長需要。父母雖然不急於給五至六歲小孩零用錢，但讓他們認識多一點關於金錢的事情是有需要的，例如：金錢是甚麼、開始熟悉身旁物品的價值、曉得錢財是靠工作賺取回來、世上沒有一張自動攢錢的提款卡等，這些均會造就孩子的成長。

美國《紐約時報》（*New York Times*）指出，中國政府大力投資高等教育，從一九九九年的五十多億資助到二〇〇三年的一百多億，務求建立大國大學教育的形象。雖然政府願意投放更多資源，但國家對學術討論自由的限制正削弱這方面的努力。[10]事實上，中國教育的需要除了要培養更具創意及獨立思考的學者外，更不應忽略孩童的基礎教育，從小開始提供平等教育的機會；這是孔子所提倡「有教無類」的精神。

教導孩子認識理財須從小做起。有些人認為給五至六歲零用錢彷如給他們一些糖果且要求他們保留至晚上，但往往事與願違，因為糖果到下午已經鑽進他們的肚子裏。但有些人卻認為讓五至六歲的孩童擁有自己的零用錢就是讓他們學習花費及儲蓄的第一步，他們對金錢產生興趣，興趣會逐漸增長，因為零用錢可以買他們喜愛的東西。

耶穌讓小孩來到身旁是為了祝福他們；父母給小孩零用錢是為了幫助孩子建立正確的理財觀念。一九九八年九月麥當勞在二十八日內逐日推出不同造型的史諾比，導致不少孩童為了「公仔」而棄置套餐，這會是恰當的理財寫照嗎？父母可以透過零用錢來祝福小孩，亦可使零用錢成為他們的咒詛工具。

見http://nytimes.com; 'China Luring Foreign Scholars to Make its Universities Great', October 28, 2005。 Preview Free。

親子理財

七拼八湊，拼砌祝福

耶穌對門徒説：「讓小孩子到我這裏來，不要阻止他們，因為上帝國的子民正是像他們這樣的人。你們要記住，凡不像小孩子一樣來接受上帝主權的人，絕不能成為祂的子民。」於是他抱起小孩子，一個一個地摸他們，給他們祝福。

馬可福音10:13~16

聖經中提及的小孩是極為年幼，是低過一個問責的歲數，故此耶穌祝福的原因不在於他們的德行，而是在於他們前來領受恩典。

美國有一個不牟利團體，名叫「不用尿片的嬰孩」(DiaperFreeBaby)，主張給未足三個月大的嬰孩學懂大小便的訓練，這種提倡棄掉尿片的建議是現代(尤其是西方)媽媽難以想像的。事實上中國的母親在這方面比西方更為優勝，她們抱著孩子的大腿，作出「殊殊、唔唔」之聲，令西方人大開眼界。

人從經歷中學習建構生命的重要步伐，讓嬰孩感受不控制大小便帶來的壞處，令他們投入自然學習，了解控制時的好處，逐漸養成習慣。在錯失中學習，讓他們重新開始；「上當一次，學精一世」。

給七、八歲小孩零用錢，為他們建立正確理解金錢的基礎。讓嬰兒學習控制大小便，卻不要弄至滿屋臭氣；讓嬰孩學習行走，卻不要跌至焦頭爛額；讓孩子使用零用錢，卻不至揮霍無道。由於五、六歲的孩子開始對金錢產生興趣，六、七歲已懂得以零用錢買「心頭好」，八歲亦曉得儲蓄金錢購買較貴重的東西。「MAC」三部曲可以讓他們理解金錢的價值，掌握理財的一些道理。

「M」是Management，管理。讓小孩管理自己的金錢，給他們錢箱錢包等東西；從故事、生活經歷等教導恰當管理金錢的重要，希望他們在購物前先詢問父母的意見，不要作出大意的決定。香港的泰昌蛋撻因為彭定康而跑出名堂，泰昌原先在自己的祖業下經營，可惜在樓市下跌的惶恐中出售店舖，導致在樓市復甦後難以支付六萬元的月租。一個大意的決定險些被迫結業，幸得南韓財團入股，才能在舊舖對面繼續營業。

「A」是Attraction，吸引。減少外界物質給孩子的誘惑，父母不應將假日活動與商場娛樂場所掛勾，避免刺激小朋友的佔有慾。美國科學家發表「糖果瓶心理學」(candy-jar psychology)實驗結果，成功量化「引誘因素」的研究。以四十名大學祕書為對象，將三十顆朱古力放在透明及不透明的瓶子內，並把瓶子放在祕書桌上或離她們六呎以外的地方。經過一段時間後的結果是：祕書平均每天吃掉桌上透明瓶子中7.7顆朱古力，不透明瓶子則是4.6顆；放在六呎外的透明瓶子是5.6顆，不透明瓶子則是3.1顆。當朱古力被藏起來，人往往會忘卻它；但人會不自覺地傾向多吃眼見的糖果。

「C」是Creation，新造。小孩在抵受不起物質的誘惑後，在「想要」的前提下可能作出順手牽羊或從媽媽錢包中「拿錢」的舉動，千萬不要當他們是罪犯，不要小題大做，乾脆給他們重新悔改的機會。要作他們的知音，幫助他們重新建立良好的行為。

耶穌的祝福帶有擁抱撫摸，正如父母給零用錢須給予指引教導。英國調查顯示，由於狗隻長期被忽視，導致嘔吐腹瀉等病症；狗是羣體動物，需要與人類和其他動物往來。子女亦是羣體動物，父母生活作息的轉變，或備受壓力感覺不快時，子女是身同感受備受負面的影響。金錢物質絕不可能代替父母的陪伴；擁抱撫摸正是父母帶給孩子祝福的一種方式，亦是醫學證實可以產生oxytocin的蛋白質分泌，令人產生幸福的感覺。

http://www.diaperfreebaby.org/。
http://lifewise.canoe.ca/Living/2005/10/21/pf-1272699.html。

親子理財

九鼎一言，十足分量(I)

耶穌說：「你們禱告的時候，不可像異教徒，用許多重複、沒有意義的話。他們以為只要長篇大論，上帝就會垂聽。不可像他們那樣。」

馬太福音6:7~9

異教徒禱告時以為不斷重複不同神祇的名字，就會得著神靈幫助，因為他們相信正確發出神祇的名字時，是可以有操控神靈的能力。事實上，這只會帶來無意義的冗長重複。

隨著二十世紀九十年代後期八達通服務的流行，五、六歲的小孩已經擁有具個人特色的八達通卡，這是他們的「購物亞拉丁神燈」，是付款的自動增值卡。父母要防止這卡成為小孩「揮霍的溫床」，卻要教導他們錢財不會自動鑽進卡子裏，是透過工作努力賺取回來。

活在二十一世紀的小孩須要認識「卡」在社會的服務功能，向他們介紹銀行的提款卡及信用卡的主要用途及分別，讓他們參觀銀行並開始了解銀行提存等服務在社會的重要貢獻。

父母為九至十歲的孩子開立獨立的儲蓄戶口，帳戶仍須由父母規管；雖然要待孩子到十一歲才可開設一個屬於自己簽名的個人帳戶，父母卻應該教導他們掌握簡單的銀行帳戶管理知識，有系統地管理個人的積蓄。

這階段的孩子對觀看手上的錢幣、紙幣，以及數算金銀仍有相當興趣，父母除可介紹鈔票的防偽特徵以增加孩子的知識外，還應教導目標設計、計劃訂立的理財方法。

與子女一起計劃如何分配零用錢時，須就著他們的自制能力作出調節，並可透過SOS三方面作出安排：

Savings（儲蓄）：積聚財富的教導可以起著積極作用，清楚告訴孩子財富只是工具而非目的本身；財富的積存是為了達到下一個目標而鋪路。

Offerings（捐獻）：為身邊有需要的人羣作出自願的捐獻，解釋社會中互為的關係網絡，彼此相顧的重要情懷，並為別人獻上真心誠意的祝福。

Spending（消費）：讓孩子有花錢的機會，卻不要刺激他們購買的慾望花費在「不必要」的東西上。這正是學習以儲蓄達到中期目標的好時機，父母亦可因應情況參與資助，起著支持鼓勵的作用。事實上，小孩胡亂花費的後果及責任均落在父母身上，因為小孩的錢是從父母那裏跑出來的。

要教育孩子恰當消費並非一蹴而就的工夫，而是耗盡心血建立典範與子女共同實踐的方向。教導消費的正確觀念：不在乎「想要」而在乎「需要」；不在乎「多」而在乎「精」。「想要」與「需要」是Jacket potato（帶皮煮的馬鈴薯）裏的「肉加上汁」與「薯仔」本身，飢餓時會容易分辨那個是需要。「想要」與「需要」亦是家居物品中的庫存及使用量的檢驗，堆積霸佔空間及低使用量的物品，正提醒我們在購買東西前認真考慮是否真的「需要」購買這東西。

「精」就是那些輕盈的外國金融報紙而非那些厚疊的香港報紙，讀者需要的是資訊而非廣告。

「精」就是中國「十一・五」規劃要走的路線。中國不要做世界加工的王國，因為加工帶來的發展極為有限，加上廉價勞動力在印度、越南等地亦有供應。精良優質的路線是中國未來紮根的方向，因為薄利多銷不是促進經濟的良方，反會惹來憤恨；從西班牙火燒中國製造的鞋隻可見一斑，因為西班牙生產的是四十歐羅而中國生產的只是四歐羅。只帶來薄利的多銷並未能提高員工薪酬從而改善生活，亦未以高回報吸引股東投入資本擴大投資，從而運用精進科技踏上優質路線使利潤拾級而上。

工作要刻苦勤奮，要精明靈巧；消費亦是一樣道理。Double S：Spend Smart是給孩子的重要教導。

基督徒在世何嘗不是需要Double S：Serve Smart。

親子理財

九鼎一言，十足分量（II）

耶穌說：「在你們祈求以前，你們的天父已經知道你們所需要的。因此，你們要這樣禱告……」

馬太福音6:7~9

人禱告要蒙上帝垂聽，關鍵不在於重複與長短，而禱告的本質亦不在於「通知」上帝個人的需要。耶穌的門徒要避免這樣的禱告形式及心態，卻要知曉「天父知道我們需要的一切東西」。

你的子女知曉你知道他們一切需用的東西嗎？

有些不精明的消費者，他們對香港兩大超級市場予以信賴，亦不計較一百幾拾元的交易，所以沒有翻查單據的習慣。難道我們會相信這麼大的集團會刻意大事宣傳低廉價格，然後在顧客付款時刻意報錯價嗎？不少人在細閱單據後發現其中的減價貨品與宣傳的價格有所出入，當你焦慮地告知收銀員後，赫然發覺他們異常鎮靜及有禮地退回款項，顯示她們在這種事情上操練有素。

電腦系統內的報價與貨架上的價格有所出入，不可以歸咎於貨品種類繁多或價格變動迅速，因為問題不在於技術的難度。試想想，銀行在外幣匯率的報價每時每刻都在變動，港交所的每隻產品價格每分每秒亦在改變，而且每天成交金額以億為計算單位，難道我們會接受他們因資料繁複未能及時調節以致偶然報錯價嗎？超市報錯價似是不少人生活不可缺的環節，香港企業缺乏的是商學所言的「營銷心」，是照顧顧客的經營思想。

要知道兒女的需要就要有一份「父母心」。父母不應單單埋首自己的工作，然後在賺取金錢後每週每月隨意地「塞」零用錢在他們手中，以滿足兒女對物質的慾望來補償不能相伴相談的需要。父母教導子女用錢卻不要使他們流於只懂花費的層面，滿心以為子女花費於玩具、漫畫、雜誌會勝過花費於迷幻藥物，這是錯誤的思想。事實上，父母正對子女作出錯誤的宣告：「放心花錢，因為賺錢是容易的事情。」金錢不可能是陪伴子女的代替品。試問當你年老後，你覺得收取子女的家用卻沒有他們伴在身旁會是開心的事嗎？「父母心」是需要時間一步一步的培植出來。

要讓子女知曉父母知道他們的需用，就要讓他們認識「父母辛」，讓他們認識你的工作：工作環境、工作性質、工作給公司的貢獻等，讓他們知道工作是賺取金錢的途徑，亦會帶來喜樂和滿足。工作的動力不單在乎金錢，還有興趣、使命等。工作既能滿足興趣又可賺取金錢，讓你的孩子認識日用所需正是透過工作的回報來滿足，工作既是辛勞亦是快樂。假如你是不喜歡自己的工作，每日垂頭喪氣地回家，或總是嚷著退休，你當然無法令孩子相信世上有「快樂的工作」這回事。那麼，你需要的並不是退休，而是轉行，幹一番自己喜歡的事業吧。「父母辛」是要讓子女知道消費背後的工作，從而認識社會的真面貌，發掘自己喜歡的工作。

現代管理之父德魯克（Peter Drucker, 1909-2005）辭世，享年九十有五，他是大師中的大師，但學術成就卻備受爭議。他不以學者自居，不以艱澀文章馳騁學術期刊，深明學術須與現實世界結連的重要。除了早年受聘為通用汽車的企管顧問，研究公司管理架構外，還以老師作者的身分透過容易明白的語言在報紙接觸不同的讀者，教育一代一代的企管人士。[1]這是大眾的福氣。

你子女有這份福氣嗎？父母不以權威自居，卻願意深入子女的巢穴尋找「虎子犬兒」的心嗎？

見Wikipedia。

親子理財

十目所視，十手所指（I）

耶穌講了一個比喻：「天國好比麵酵，一個女人拿了點麵酵放在四十公升的麵裏，全團麵都發起來了。」

馬太福音13:33

一小點的酵放進麵團裏，全團極速的發起來變成大麵團。天國福音開始時只是隱約可見，但日後的發展就如酵之於麵，迅速擴展。

讓十一、二歲的孩子活在「機會的時期」，除了一般銀行的儲存、信用卡服務外，讓他們認識網上理財、樓宇按揭、稅務安排等多元化服務。提供各類型尤其是財務知識的學習機會，嘗試與孩子一起尋找個人的強項，幫助他們發展自己的長處；介紹名人生平會起重要的作用。

你有否考慮向孩子介紹富豪的故事？大部分富人的財富是靠雙手創立建構，他們並非父業子承，香港這方面的主角亦不少。有學者曾研究一千多名每年收入一百萬美元或以上的富人生活資料，發現大部分人已經擁有自住物業，多是十年前購入。生活沒有外人想像那麼夢幻奢華，大部分過著穩定的家庭生活，離婚率較一般家庭低；一半以上的妻子沒有工作，育有三個或以上的子女。九成以上將家庭放於首位，更非工作狂熱者，五成多有宗教信仰，大部分樂於捐獻。他們的社會網路豐富，關係良好，生活規律，保持健康體魄，努力工作，亦較一般人長命，活到八十九歲。⑩

讓孩子透過富人真實的生活及工作獲取教導，發展個人的特點及優勢，學習累積財富。在他們喜歡的領域中多添讚賞，讓他們在欣賞中成才。廣告界師傅級六十一歲的法蘭奇(Neil French)因為語出「驚人」，指廣告高層中的女性比例較低的原因，是因為女性都是垃圾，要兼顧家庭而未能全心投入工作。法蘭奇的結論當然引來極大爭議，縱然他恰當地指出其言論被斷章取義，也難逃請辭的厄運。你對子女正面的讚賞及幫助會有助你的看法得到實現。

在與孩子處理金錢的運用時，我們須進一步讓孩子活在「負責交代的時期」。首先，不要認為自己虧負了孩子，以為缺乏時間相伴能以金錢補償；第二，不要跌入孩子所設話語的陷阱：「我身邊每個朋友都有……這是我的必需品……」，以免產生歉疚的感覺。當孩子長大成為十幾歲的青年(teenager)，要建構自我負責的學習，他們已經曉得盈利和虧損的計算，能夠作出收支的記錄。不斷增加零用錢並不是滿足購物慾望的好方法，讓他們釐清「需要」與「想要」，學習預先儲蓄來購買「想要」的東西。父母不應忽略引導、監察、管理的工作，並要小心尊重孩子對財產的私隱看法。

這裏的監察不是負面的拔除拆毀，而是正面的栽種建立。人的體內有樹突細胞(dendritic cell)負責監察細胞的運作，對異常的細胞如癌發動攻擊。有監察難道身體便會無恙、孩子的財務便會穩妥嗎？原來不少癌細胞會透過改變細胞表面的蛋白質，像換上衣裳般，混在其他正常細胞羣中，活像人間蒸發。事實上，癌細胞「表面乖乖」內裏「壞透」，令樹突細胞防不勝防。

建立與孩子的「你——我」關係，縱然這階段的青少年對父母的言行近乎吹毛求疵，仍要耐心地與孩子交流對話，磋商建立彼此接納的監察管理，不致過冷或過熱，更不能忽冷忽熱；這彷如政府監管金融體制，落實良好的監管以致能締造健康的金融機構，在行業內產生自律精神，淘汰市場中不健全的組織，讓金融機構有責任地健康發展。

更讓孩子曉得父母的陪伴並非一生一世，卻要成就他們的責任心、承擔力，因為理財是一生的工夫。

Thomas J. Stanley & William D. Danko: *The Millionaire Next Door: The Surprising Secrets of America's Wealthy*.

親子理財

十目所視，十手所指(II)

耶穌用比喻對羣眾講述這一切；除了用比喻，他就不對他們說甚麼。

馬太福音13:34

天國的奧祕昔日是隱藏，今日可以向世界宣告。「天國好比麵酵」，酵母是巴勒斯坦地家庭普遍且重要的材料，一點點酵母足以使全團的麵發起來。馬太福音對酵母有正反兩面的意義，一是侵蝕的邪惡影響，所以要防備法利賽人的酵。一是澎湃的動力，一點點可以對整體有驚人的效應；彷似一粒芥菜種子的成長，起初不為人見，在時間的流轉下產生出人意表的果效。教導孩童培養良好的理財習慣就像這樣，起初毫不顯眼的改變難以跟日後不可估量的結果相提並論。

孩子接受父母的教導卻不時會「視而不見，聽而不聞」，耶穌以比喻教導天國的奧祕就是針對這個緣故。對於樂於接受信息的人來說，比喻泛起大開眼界的作用，對於無心裝載者，比喻卻有隱藏的功效。

十多歲的青少年(teenager)需要父母的引導。在家裏父母要好好演活這角色；在家外，父母便是他們的mentor。Mentor(門特)是希臘神話中Odysseus及其子Telemachus

的良師。Mentor是忠誠的朋友、智慧的謀士、賢明的顧問、指引的導師，這是與孩子建立「你——我」關係的重要一環。

美國*Fast Company*雜誌於二〇〇四年十二月選了W. L.Gore & Associates為最具創新成就的企業，Gore除了生產具創意的物料外（主要供應工業、製衣、醫療行業），公司的組織亦別具創意。雖然公司有CEO、清潔工人等區分，員工卻都是夥伴（associates），擁有支援者（sponsors），即是mentors而非老闆。員工彷似變形蟲（amoeba）沒有固定職能，由自己決定事業發展的方向，既努力埋首工作，卻又敢為創新。公司以小隊形見稱，任何團隊不得超過二百人；鼓勵員工不要論資排輩，不喜歡電郵，只喜歡直接對話。更鼓勵員工以一成的工作時間「尋夢想」，研發新創見，故此每個人都可以自封組長，其主意能否成事須視乎其他同事的參與。若組長所想只是一個「夢」，他們會開派對慶祝夢死，目的是鼓勵員工的創意精神，成與敗也是值得慶祝。

孩子學習理財需要的正是這份mentor精神：雖是父母身分，卻可以「無分大細」；雖會錯誤浪費，卻可以督責勉勵。

父母推遲教養孩子理財習慣，只會拖後他們獲得經濟自由的時間；他們只會更不滿意，父母耗用的心力只會更多。當我們只懂得把金錢塞進孩子手中，期望這樣做會消除青少年的經濟煩惱；事實上，這樣的關愛更容易變為放縱，使孩子過分倚賴，既不曉得面對現實生活的風浪，更談不上自主自決，以創新思維解決困難，因為父母在他們心中是隨時的幫助。

現今東方的父母深受西方社會的影響，滿心要讓孩子幸福，將幸福與金錢連成一線，替他們預備各式各樣的保險，卻少教導孩子掌握收支平衡積極儲蓄投資的門路。我們唯一的目標似乎就是讓孩子幸福，而非培養滿有長成身量能夠擴展個人才華的男人女人。

孩子需要的不單是幸福，而是獲取追尋幸福的能力。幸福已經成為一個口號，像進入二十一世紀的中國礦場一般，安全只是掛滿礦場的口號，主管部門當局的會議宣言及補救誓言只是令人感到麻木的千篇一律，人民需要的不單是政策，而是行動。

孩子需要的不單是金錢，更是父母穩健財務的教導；不是口號，而是行動；不是千篇一律的呵護，而是重重創意的指引。

http://www.fastcompany.com/magazine/89/open-gore.html。'The Frabic of Creativity', Issue89, December 2004及相關文章。

親子理財

我們在天上的父

小兒子對父親說：「爸爸，請你現在就把我應得的產業分給我。」父親就把產業分給兩個兒子。過幾天，小兒子賣掉了分得的產業，帶著錢離家到了遙遠的地方，在那裏盡情揮霍。當他花盡一切又碰上飢荒，惟有投靠當地的居民，那人打發他到農場看豬，他恨不得拿餵豬的豆莢充飢。終於他醒悟過來，說：「我父親糧食充足，我反倒在這裏餓死？我要回父親那裏，對他說：爸爸，我得罪了天，也得罪了你。我再也不配作你的兒子；請把我當作你的雇工！」於是動身回家。他離家還遠，父親就看見他；父親心裏充滿憐憫，迎向前去，緊緊地擁抱著兒子，不停地親吻他。

路加福音15:12~20

浪子比喻是聖經福音書中最長的比喻，當中包含三大部分：一、小兒子遠離家鄉，在外揮霍至一貧如洗；二、落魄的浪子為父親所迎接；三、父親與大兒子的對話。

浪子的故事在現實生活中已鮮為人見，因為父母的家是供應免費早午晚餐的安樂窩，由家務到飲食的料理，由享樂到金錢的供應，令不少孩子對家有所「留戀」。縱然一些孩子遷出父母的家，可惜過往的倚賴依然故我，父母仍是子女的經濟支柱。

據一份研究指出：美國約有一半的富裕家長每年至少給予孩子一萬五千美元的資助。這些資助令他們誤解——對父母的財產有理所當然的支配權，就如比喻中的浪子誤以為自己可以即時擁有父親三分一的家財（大兒子得到雙份是猶太人的傳統）。事實上，他要待父親死去後才可以有變賣家產的權利，況且他攜帶所有遠離家鄉更違背十誡中「孝敬父母」之命。在現代社會中有部分年青人被稱為「NEET」—— Not in Education, Employment, Training；他們是隱藏在父母的蔭庇之下。

當孩子快要走完十多歲的日子時，這正提醒父母要加快孩子經濟獨立的學習及實踐。教孩子儲蓄是重要，為孩子儲錢更是不可缺少，因為這可以為將來解決不少煩惱如學業、置業等。若然你能夠在孩子出生時為他／她每月儲存一千元，在年回報率10%下，十歲時共有二十多萬，十五歲有四十多萬，二十歲有七十多萬，二十五歲有一百三十多萬，三十歲有二百二十多萬，三十五歲便有三百七十多萬。這是現實的投資，愈早儲蓄果效愈妙。但這樣的投資需以父母的名義進行，因為不曉得這孩子長大後會否具備「浪子」的品格。

明確的價值取向可以教導孩子緩急輕重。金錢是重要，但誠實比金錢更可貴，從生活中教導孩子誠實賺錢而不會貪圖多出的零錢找贖，是重要的價值次序。以節制為例：一星期給孩子六份小食，若然孩子過分貪吃，便只得等待下週的派發。經過多次的操練，孩子會逐漸明白節制生活的好處，因為隨意的消費只會帶來苦澀的等候。孩子愈早學習價值取向的次序，便更能作出輕鬆自如的決定。

金錢可以帶來幸福，但金錢不可以令我們的幸福享受不盡。要孩子明白箇中的道理便要讓他們學習與別人分享金錢，捐獻是一門不可少的功課。要作出捐獻就要為自己積聚財寶而奮鬥，這樣的積聚頗為吊詭，似是在地實則在天。

浪子比喻其實是慈愛天父的比喻，當中的主角其實是父親而非兒子。父親全然接納(甚而是歡迎)浪子的回轉，父親在沒有考究浪子是否真心悔改的情況下，已經拿起長袍走到兒子面前，眼見兒子回家已是喜上眉梢，又何須考究他的心呢！

一個願意回家的人，上帝不會拒絕；一個缺乏的人回家後，上帝會不斷供應；基督徒能夠享用上帝的供應，全因為祂是「我們在天上的父」。上帝說：「我有四個孩子，你也有四個孩子，你的孩子是兒子、女兒、男僕、女傭，我的孩子是孤兒、寡婦、外地人和教士。我照顧你的孩子，請你也照顧我的孩子。」

明日之糧，今日賜我——金融海嘯的神學反思

London bridge is falling down
New York street likes merry-go-round
Hong Kong city loses the crown

「紐倫港」(NyLonKong)是時代雜誌於2008年1月併合的新名詞，珠光寶氣金光燦爛的三城故事，雖然度過「金豬歲月」的2007年，卻未能安然步出「靈鼠獻瑞」的2008年，更遑論昂首踏步「肥牛迎春」的2009年。雜誌更相繼於08年9月號及10月號刊出紐約股牛下淚、倫敦下沉的封面專題；這樣看來，香港的金融業務再不應以紐約倫敦為馬首是瞻，卻可以與中國(Sino)中東(Middle East)結伴同行，成為二十一世紀的「SinMidKong」。

昔日，投資銀行是不少人夢寐以求的工作場所，二十多歲的年青人除了賺取過百萬的年薪，還有予人肯定的才華，是能力身分的象徵。今日，美國華爾街五大投資銀行相繼仆倒：

1. 貝爾斯登走過二十多年自信的歲月，股價從五、六十美元瀉至約兩美元，雖然採用了「連坐法」的企業管治，即是同事從事業務時須知曉左右雙方在做什麼；可是貝爾斯登垮下來，為左右同行JP摩根併吞。
2. 雷曼兄弟走過一百五十多個年頭，家族企業的股東

於二十世紀下半葉交出管理權予受薪的企管高層，在金錢的誘因下不斷冒險，最後導致破產清盤。

3. 美林「次按」方面蝕掉超越五百二十二億美元，雖然不致清盤，卻為美國銀行併購。
4. 摩根士丹利的兩成股權為日本三菱日聯集團購入。
5. 高盛被畢非德垂青一擲五十億購進年息十厘的優先股，等同持有約一成股權。

摩根士丹利和高盛與美國聯儲局亦達成協議，業務步入商業銀行化，受相關組織監管。投資銀行彷如骨牌效應相繼仆倒，雖然造就連連債務，亦造就了不少人才，可以在社會不同層面繼續發展。

投資銀行的工作是理順收購、撮成合併、為大客戶管理財富、並能從市場以低成本集資促進工商業的發展。在金錢至上唯利是圖的社會，「投資銀行家」不甘心薄利的回報，於過往十多年推出大量衍生工具——畢非德於○三年稱為「大殺傷力的財金武器」——圖獲鉅利，瞞騙投資者購入以不充足抵押品的所謂「債券、票據」，步入高風險的網羅陷阱。商業銀行在利潤誘因下與投資銀行同流一條金錢血脈，積極向存戶推銷游說，令部分香港中產人士陷入「雷曼苦海」。

對於所謂迷你債券等的衍生工具充斥市場，金管局雖然事後聲稱指引充足，可惜過量的衍生工具確實充斥香港金融市場，在做零售生意的商業銀行，幾近無所不在，銀行推銷員卻似是一無所知，將部分香港存款儲蓄戶帶進金融衍生工具這大型賭博市場。銀行過度拓展非傳統業務，將只宜職業賭徒的金融風險引入保守的家庭，銀行業務策略的錯配自是難辭其咎，政府的監守金管局更是責無旁貸。

今日，投資銀行在市場將沉寂一段時間；明日，部分會轉化為商業銀行繼續牟取利益；外在軀殼改變，內在心腸不變。

摩西告訴以色列民：這是耶和華賜給你們的薄餅，按著自家口糧，一人一碗；到第六日你們要拾取雙倍的餅，因為第七日是耶和華的神聖安息日。(出埃及記16章)。

這薄餅以色列人叫「嗎哪」，是希伯來問語「這是甚麼」的諧音。各人每日拾取所需，正好滿足各人食糧；將餅留待天明只徒生蛆蟲，發臭難聞。於是以色列人每早晨拾取所需，亦可以滿足晚上的口腹；希伯來傳統以黃昏日落計算為一日的開始，那麼今早所拾取正滿足明日的需要；加上第六日拾取的雙倍亦可留待明天，安然無恙，正是「明日之糧，今日賜我」的印證。

「好奇」是當時以色列人的特徵，部分人拾取超越自家口糧，甚至不聽勸告留到明天，換來蛆蟲臭氣。

「貪婪」是部分人的咀臉，亦有以色列民為了飽食鵪鶉，整整一天一夜再加一個白天補捉，每人背馱約一千公斤鵪鶉，當肉剛入口還未咀嚼，耶和華發怒，那地方成了「貪慾的墳墓」，因為埋葬了貪吃的罪人。(民數記11章，現代中文譯本)

基督徒選擇上的是鵪鶉的生活、抑或薄餅的生涯？我們眼見政府只以經濟利益為重，卻不曉得人心道義為尚的悲涼景況，惟願你知道在上帝面前的生活，不是「盈溢過分」，亦非「負債纍纍」，防止自己在金錢世界只見自己一人的蒙敝，忘卻自己的心靈在上帝話語中萬古常新的道理；惟願你心曉「明日之糧，今日賜我」這主禱文的祈求。

「股甘終礙」——
金融海嘯的社會文化反思

正當次按風暴沒完沒了——2007年中吹刮第一波、2008年3月狂飈第二波——人正預測第三波之際；次按氣泡爆破，美國的房利美、房貸美於7月出事，那些「華麗包裝」的所謂「債券、票據」在樓價下瀉、質素極差的借貸者無力償還按揭（他們實質連首期也無力支付）下，直接降低銀行信貸能力，減低資金流動量。危機觸發，在人心惶惶之時，股市狂塌，全球無一市場倖免，下瀉數十個百分比。

次級按揭是美國境內之事，卻席捲全球，因為：發放貸款的銀行如匯豐旗下的Household International → 貸款給信用質素差的消費者 → 將按揭賣給投資銀行 → 投資銀行把按揭變為按揭證券 → 部分納入抵押債務證券（CDO）等衍生工具。銀行從中吸納低成本資金賺取息差，一手發放貸款給美國消費者，一手發放衍生工具給全球各國消費者，結果危機爆現。

當股市如入黑洞暗淵之時，9月的吞噬海嘯無情地席捲全球金融市場，美國五大投資銀行面臨緊絀資金的困境，瞬間一刻消逝；破產的破產（雷曼兄弟），併吞的併吞（貝爾斯登及美林），股價插水的插水（摩根史丹利及高盛）；連及世界最大保險公司AIG亦面臨倒閉，一手將AIG建立為保險王國的格林伯格（M. R. Greenberg）於05年因內幕交易被迫請辭，亦未能於08年9月重返AIG這家庭紓解困迫，在仿如父親眼見兒子淪亡的傷痛欲絕下，眼巴巴看著華府接管公司收歸國有；歐洲各國銀行及保險公司亦面臨嚴峻資金困難……

美國政府繼收購「兩房」，進一步收購AIG，破壞市場無形之手，落實干預市場的策略，惟盼政府以嚴謹財金政策立例監管，執行投資銀行、商業銀行分家而立的管治，為市民的血汗錢把關。而香港的景況也是「累及街坊」，不少銀行辛苦經營的誠信現毀於一旦，被海嘯淹沒。政府縱是提供百分百存款保障，卻不能收復銀行客戶的關係；挽救經濟是否至為重要、抑或是建立有互信基礎的社會，才是政府有形之手的責任？

「貪多嚼不爛」是金融市場的寫照，一味追求多，消化不了。企管人士為公司賺大錢得獎賞，自是風光；投資失利卻能「袋袋平安」離任，自是怪相。無奈資本主義經濟效益不單衍生美國政府要為以七千多億的納税人錢包底購入按揭債券、房貸爛賬，造成「黑狗偷食，白狗當災」的不公平局面；亦衍生「救市」不「救人」的畸怪情境。經濟學家以致聯合國均指出全球更多人步入低收入（低至二美元一小時）甚而失業苦況——銀行、地產、汽車、銷售……

誠如學者所言，政府救市是要保住美國經濟不要陷入衰退蕭條，讓金融機構有一定時間喘息；喘定後經濟何時復甦就要交回「市場」決定。「知止而後有定，定而後能靜，靜而後能安，安而後能慮，慮而後能得。」這是救市的方向。

這百年一遇的金融海嘯，相信是少部分投資者冀望遇上的，他們正好可以在其中考驗自己的投資能耐。正當07年股市如日中天之際，身邊不少人趨向「股股生威」，錢向膽邊生。今日股股下落之際，壞消息盡出之時，正是投資勇者彰顯智慧之日；在風高浪急之下要先喘定、不妄動，繼而隨處而安精思細慮。在慎辨明思下不難發現衍生工具的對賭投機風險，千萬不要步入這金錢利誘的試探網羅。反之可以運用平均成本法作出長期投資，當上有前景優質素的公司的「小」股東；或者仍以「現金為王」，趁低吸納，但會否低處未算低？

近期毒奶事件令蒙牛品牌辛苦經營的聲譽毀於一旦，股價急挫；但卻提醒普羅大眾更重視奶類製品及其他食物的質素。不少市民以荳奶取代鮮奶，因為蛋白質相若，但又可否察知荳奶含鈣成分遠遠不如鮮奶，故此荳奶、荳漿(前者是荳加奶，後者是荳加水)不可以取代鮮奶。要解決鈣的問題，飲荳奶者要多吃鈣質豐富的食物如白菜、芥蘭，而簡單的乳酪一杯、豆腐一塊正是日常所需。慎思明辨就是這個道理。

與其在海嘯中若浮若沉，倒不如「知止」，不單是知道投資止步，更是對自己的歸宿有明確的了解，叫自己「志有定向」。這不單是個人信徒，亦是基督徒群體所應堅定持守的理念；我們可知基督教的「止」嗎？金融海嘯的衝擊不單是囿於美國華爾街，歐洲、亞洲、中國也備受牽連，這是全球化發展下不可迴避的效應；基督徒群體、教會社群更不可能置身事外，因為教會的信徒、群體的成員正正處身於海嘯之內，衰退之中，裁員之恐……教會、群體怎能不予以關懷援手！

還看新一代的青年，被經濟掛帥的薰染下放棄發掘知識的寶藏，追求即時的得益，修讀的盡是經濟、財務、金融等，務求配合社會的大時勢。這種一面倒的現象，將引至社會出現不平衡的局面——專才難尋。金融海嘯一擊，未嘗不是給下一代一個新的契機，重新思索投資的「本錢」。

據美國勞工統計局(U.S. Bureau of Labor Statistics) 08年公布第三季度分類就業數字，印證這千古不移的道理——平均而言，教育程度愈高入息愈厚的正比數字。以二十五歲的全職工作者的中位數週薪為例：

- 未完成中學教育：US$471
- 完成中學教育：US$618
- 至少一個大學學位：US$1131
- 更高級專業碩士學位(最高的10%)：US$3192 (男性) US$2287 (女性)

「書中自有黃金屋」，這中國的至理名言在今日經濟掛帥的社會大派用場，這是鐵一般的事實，與其在炒賣的社會隱瞞真相，倒不如導引青少年走入受教育之路徑，明白人力為資本，知識為長進的教誨。「萬般皆下品，為有讀書高」鼓勵學子專心受教，放下今日為錢財躁急之心，來日自可在踏出校門後增添財富。教育投資在推動經濟社會是極關鍵的一環。

「明日之糧，今日賜我」，並非空口虛言，乃是信心期盼；「俾勿我試，拯我出惡」，亦非上帝的試探，而是上帝的拯救。令我們在試探中永不言敗，堅守定向。金融海嘯叫人一覺醒來，財富如曇花數現，檢拾無望。古代莊子探訪梁國宰相惠施，被誤以為前來搶奪相位，莊子以「鵷雛腐鼠」為喻，鵷雛非嫩竹不吃、甘泉不飲；當鴟鷹正啄食腐鼠，眼見遨翔空際的鵷雛，深怕腐鼠被搶，遂大喝逐之。莊子以鴟鷹比喻惠施，為保相位這死鼠，前來查探喝斥我這鵷雛來了。

對於「曾經滄海」的投資家、企業家來說，金融海嘯正好洗滌社會，市場的風起雲湧並沒有使他們方寸大亂，反是「知止後定」的契機。

你曾經見過天上的財寶嗎？中世紀學者亞奎那(Thomas Aquinas)正在努力撰寫他的鉅著《神學總論》(*Summa Theologica*)，到了結束的階段卻在異象中得見天上財寶，遂放下筆桿，訴說：「自己的創作與天上的異象相比，只是草木禾稭而已。」見過天上的財寶，地上的財寶必然黯然失色：地上的財寶有蟲子蛀，也會生銹，又有盜賊偷竊。要為自己積聚財寶在天上(馬太福音6:19~21)何苦把你的心交給財寶！

主耶穌眼望這世代，人們好像孩童坐在街市上，彼此呼叫說：「我們向你們吹笛，你們不跳舞；我們向你們舉哀，你們不啼哭。」人沉溺於金錢的試探中，忽視人處於社會的心靈需要，遺忘基督徒在社會點燈的天職，反被社會大趨勢同化。主耶穌的教導縈繞你我心坎，激勵我們點燈上路，照亮家庭裡裡外外的人群。

見U.S. Bureau of Labor Statistics website, 'Usual Weekly Earnings Summary'. http://data.bls.gov/cgi-bin/print.pl/news. release / wkyeng. nr0.htm。

再版跋

我用心思寫再版跋，因為我相信首印後能加印的書，讀者不單認同書中存在著生命，而且當中延續著採之不盡的生命氣息。

寫初版要冒險。看聖經之際望投資，談神學之時論經濟，均是摸著石頭過河。一個神學工作者貿然探究金錢的利害，向別人(更甚是要向基督徒)訴說理財的需要，好好學習照顧上帝的恩賜，以致能回饋上帝；所回應的，不單是信徒的需要，還是整體福音群體的需要。為了不要在時代洪流下被淹沒，勇於冒險作先鋒探索市場，一窺信徒的感受；雖然都在情理之中，卻感意料之外。

再版的付梓要眼光。眼看金錢彷如倚天劍號令天下，難道信徒、教會、基督教群體要在這威權橫施下俯首？金錢確是實際「埋身」的課題，不敷衍、不躲避才是我們嚴肅認真的態度。我相信天地為上帝所造，宇宙向上帝敞開，上帝的介入自是理所當然的。抱持開放的態度，認真正視社會利益的分配，這些都是神學不應忽視的議題；我們的眼光可會凝望上帝之手呢？

耶穌說：「人若賺得全世界，卻賠上自己的生命又有甚麼益處呢？」人不可能得到世界所有的東西(You can't have everything in your life)，是一句值得思量的格言；故此，你不應該因為理財失誤而意志消沉。有些人富有而聰明，卻永遠得不著心頭所好。曾有名媛觸犯法例，雖是富有，加上家族的網絡關係，但也仍須度過不得自由的牢獄生涯。「生於憂患，死於安逸」正是古今不變的道理。

無人不曉得沒有人能夠賺取全世界，但你我卻曉得人不甘心自己所擁有的。得一想二也是不少基督徒的想法及做法，餘下的無論是夢想、時間、精力——還有多少可以給你所愛的人、所愛的上帝？

我想跟你說：得一失一是理所當然的事，是經濟學機會成本的鐵律，你有否想過自己會失一又失二呢？——輸掉財富失去健康？現今資源短缺，為了開採資源，人不斷以現有資源探求，愈探求愈耗費，殊不會珍惜身旁已擁有的，正如人竭力追求能源，卻不曉得水源的珍貴。人生活不在乎「耗用」，唯在乎「珍惜」。

耶穌說：「人的生命，不在乎家道豐富。」人不可單單思想這麼辦那麼辦，然後告訴靈魂有許多財物積存作多年之用，卻不曉得靈魂被收回時所預備的要歸誰！You can't get something for nothing ——是另一值得思量的格言，達到目標，要付上代價。人的生命需要財富，卻不在乎家道豐厚，只在乎生命豐盛。人看似曉得這道理卻又不曉得實踐，你渴想得到的東西就要付上代價，代價已付卻無人能確保會垂手可得，不願付出就得不到。金融洪荒正是要將人對「投資」扭曲的觀念，轉逆過來。轉眼仰望那平靜風浪的耶穌，卻能活於狂風，笑於暴雨。

人需要水，不要死水要活水，硬將活水放於魚缸內，活水也會變死水。基督徒的生命被活水不斷滋養，縱然度世用物，卻學習「不依附於世」、「用物而不用世物」，這奧秘、境界卻正是耶穌的訓誡：人不要執著自己的生命，卻要為福音捨棄自己，你願意跟隨耶穌嗎？主耶穌就是活水。

《時代論壇》簡介

創辦於一九八七年的《時代論壇》，是一份應時代需要而出版的週報，由一群對香港教會有承擔的牧者及信徒所發起，主要目標是在這急速轉變的時代中，提供時事和社會分析，輔助信徒洞察時變，積極回應時代的需要，發揮基督徒先知的責任；同時希望能建立資訊網絡，迅速傳遞信息，並促進教會彼此聯繫、建立共識、互相支援。

《時代論壇》創刊時，其角色和使命都十分清晰，它從來就不是市場主導的產物。在無休止的紛爭、矛盾和負面的資訊世界中，《時代論壇》仍舊以單純的信念，理性的思辯，以耶穌基督的心為心，用心去報道及評論，並提供互動空間，彼此豐富和勸勉。

《時代論壇》由資深報人李錦洪先生任社長兼總編輯，逢星期日出版，印刷版及網上版(網址：http://www.christiantimes.org.hk)同步發行，讀者超過四萬人。

「在講求競爭化的年代，我們憑甚麼和別人競爭？力量，來自過去；力量，源於三一真神的應許。」(李錦洪，〈社長的話〉，載於《時代論壇》網站。)